중급으로 가는

일본어
문법

중급으로 가는

일본어 문법

박용일 지음

머리말

본 교재는 초급 일본어를 마친 후 중급 일본어를 학습하기 위해 갖추어야 할 문법사항들을 담아 개발하였다. 중급 일본어에서는 학습할 내용의 범위가 상당히 넓어지기 때문에 그 내용들을 한 권으로 모두 담아낼 수 있는 교재를 집필하기가 쉽지 않다. 설령 중급 일본어 수준의 학습 내용을 모두 담아내는 교재가 있다고 하더라도 그 양은 상당히 많을 수밖에 없기 때문에 정해진 시간 안에 그들 내용을 모두 학습하기란 어려울 것이다. 그렇기 때문에 중급 이상의 일본어를 학습해 나가기 위해서는 기본적인 일본어 지식을 갖추고 이를 바탕으로 학습 범위를 스스로 넓혀 나가는 방법이 효율적이라고 할 수 있다. 이러한 의미에서 본 교재를 성실하게 소화해 나간다면 이를 바탕으로 광범위한 내용들을 스스로 학습해 나갈 수 있게 되리라 생각한다. 특히 일본어를 처음 접하는 학습자라면 저자의 『전공 BASIC 일본어』를 마치고 난 후에 본 교재를 3달 정도의 시간을 들여 꼼꼼히 학습할 경우, 관용표현이나 특수한 상황을 나타내는 일본어를 제외하고, 일반적으로 사용되고 있는 일본어 표현들이 어떻게 결합되어 있는지를 스스로 분석하면서 학습해 나갈 수 있을 것이다.

본 교재는 초급 일본어에서 중급 일본어로 넘어가기 위한 문법 내용으로 구성되어 있으며 총 13단원으로 구성되어 있다. 각 Unit들은 각각 1주일 정도의 시간에 충분히 학습할 수 있는 양으로 총 3

달 정도면 본 교재의 내용을 완전히 소화할 수 있을 것이다. Unit 1에서는 초급 일본어에서 반드시 알아야 할 내용들을 간략히 정리하였는데, 혹시라도 Unit 1의 내용에서 생소하다거나 어렵다고 느껴지는 부분이 있다면 앞서 언급한 『전공 BASIC 일본어』를 학습한 후에 본 교재를 학습해 나가는 것이 효율적일 것이다. Unit 2부터 Unit 13까지의 내용을 문제없이 소화해 나간다면 중급 일본어를 스스로 학습해 나갈 수 있는 역량을 갖추었다고 생각해도 무방할 것이다. 교재에서 사용된 어휘 수준은 N3 정도라고 생각할 수 있으나 양적으로는 부족한 부분이 있으므로 N3를 응시하고자 하는 학습자라면 본 교재를 학습한 후 어휘적인 부분을 보완하고 청취 능력을 기른다면 N3를 취득하는 데 부족하지 않으리라 생각한다.

저자의 『전공 BASIC 일본어』와 본 교재를 성실하게 마친다면 일본어의 기본적인 문법 지식을 탄탄히 갖추었다고 생각해도 무방할 것이다. 이후 일본어의 다독을 통한 관용적인 일본어 표현, 한자 어휘, 청취, 회화 능력을 기른다면 어느 틈엔가 중급 이상의 일본어 역량을 갖춘 학습자가 되어 있으리라 확신한다.

마지막으로 본 교재 출판을 위해 수고해 주신 관계자분들과 빠듯한 일정임에도 기꺼이 출판을 허락해 주신 한국학술정보(주) 대표님께 감사의 마음을 올리는 바이다.

저자 박용일

목 차

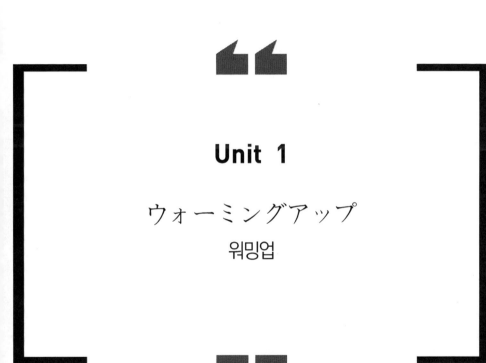

Unit 1

ウォーミングアップ
워밍업

1. 한자

(1) 일본식 한자

国, 学 등

(2) 읽는 방법

1) 음독 : 音読(おんどく), 音読(おんよ)み

한자의 소리에 가깝게 읽는 방법으로 주로 한자가 다른 한자와 같이 쓰일 때 사용한다.

水星 → すいせい

2) 훈독 : 訓読(くんどく), 訓読(くんよ)み

한자가 갖는 의미로 읽는 방법으로 주로 한자가 단독으로 쓰일 때 사용한다.

みず
水がおいしい。→ みずがおいしい。

★ 예외   何ですか。→ なにですか(×) / なんですか(○)

---

2. カタカナ의 쓰임

· 외래어를 표기할 때 사용
· 의성어, 의태어를 표기할 때 사용
· 강조하고 싶을 때 사용

★ 주요 의태어, 의성어				
의성어	ピヨピヨ	삐악삐악	ニャーニャー	야옹야옹
	ケロケロ	개굴개굴	モーモー	음매 음매
	カーカー	까악까악	キャーキャー	비명소리
	ワンワン	멍멍	ブウブウ	꿀꿀
의태어	イライラ	안절부절	ブツブツ	투덜투덜
	ゴロゴロ	빈둥빈둥	スラスラ	술술, 척척
	ワクワク	두근두근(기대)	ペコペコ	배가 몹시 고픈 모양
	ドキドキ	두근두근(불안)	ペラペラ	말이 유창한 모양
	ハラハラ	조마조마	ピリピリ	몹시 예민한 모양
	キラキラ	반짝반짝	ウロウロ	우왕좌왕 왔다 갔다
	ベタベタ	끈적끈적	クスクス	키득키득
	ベトベト	끈적끈적	ジロジロ	빤히 쳐다보는 모양
	グルグル	빙글빙글	ブラブラ	어슬렁어슬렁

3. 명사 연결

일본어 명사 연결은 기본적으로 [の]로 연결시킨다. 이 경우 전
항명사와 후항명사는 서로 어떠한 관계를 갖고 있다.

私 + かばん → 私のかばん : 내가 소유하고 있는 가방

명사를 연결하는 [の]는 한국어로 주로 [의], [인], [∅]으로 나타난다.

① 私 + 友_{とも}だち → 私の友だち : 나의 친구(내 친구)

② 韓国人_{かんこくじん} + チョルス → 韓国人のチョルス :

　　　　　　　　　　　　　한국인인 철수 (한국인∅철수)

③ 日本語_{にほんご} + 先生_{せんせい} → 日本語の先生 : 일본어∅선생님

★ 東京_{とうきょう} + 大学_{だいがく} → 東京の大学 : **동경에 있는 대학**

---

4. 기초 표현들

① です - ではありません
② こ・そ・あ・ど　이・그・저・어느

★ この, その, あの, どの의 [の]는 명사를 연결하는 [の]이다.

---

③ 雨_{あめ}です + 雪_{ゆき}ではありません → 雨で 雪ではありません。

④ ある - あります - ありません / ない - ないです
　 いる - います - いません　 / いない - いないです

⑤ 庭_{にわ}に木_きを植_うえる / 庭で木を植える

⑥ テストだ - テストだった

テスト<u>です</u> - テスト<u>でした</u>

⑦ 寝<u>る</u> - 寝<u>た</u>

寝<u>ます</u> - 寝<u>ました</u>

⑧ ます - ました - ません - ませんでした - ましょう

※ 자기소개

5. 동사 활용

(1) 동사 활용이란

동사의 기본형을 이용하여 여러 형태로 사용하는 것을 말한다.

飲む(기본형) → 飲まない、飲みます、飲めば、飲もう

일본어의 동사활용은 기본적으로 아래와 같이 5개의 형태와 결합한다. 따라서 일본어의 동사활용은 기본적으로 5개 활용으로 6개의 표현을 나타낸다고 생각하면 된다.

1) 동사 기본형 + <u>부정형태</u> → 부정표현

飲む　　　　ない　　　食べない

2) 동사 기본형 + <u>정중형태</u> → 정중표현

飲む　　　ます　　　飲みます

3) 동사 기본형 + <u>종지형태</u> → 종지표현

     飲む   。   飲む。

4) 동사 기본형 + <u>가정・조건형태</u> → 가정표현

     飲む   ば/れば   飲めば

> ★ 동사의 가정형은 명령표현으로도 사용된다.
> 飲<u>む</u>(마시다) → 飲<u>め</u>! (마셔!, 마셔라)

5) 동사 기본형 + <u>권유・의지형태</u> → 권유・의지표현

     飲む   う/よう   飲もう

※ 권유표현과 의지표현은 동일한 활용이다.

(2) 동사 활용을 위한 전제

동사활용 규칙을 효율적으로 익히기 위해서는 다음의 2가지 사항을 반드시 먼저 익혀 두어야 한다.

1) 모든 일본어 동사는 2종류로 분류할 수 있다.

① **1단동사** (ru동사, 2그룹동사, 2류동사)
기본형의 마지막 문자가 [る(ru)]로 끝나고 [る(ru)]앞의 발음이
[い(i)]단 혹은 [え(e)]단인 동사

食べ<u>る</u> ＝ tab<u>e</u>ru

[る]로 끝나고 [る]앞에 [e(단)] 발음이 나타남

※ [1단동사]라는 명칭은 동사활용이 기본형의 마지막 소리 [u]
  중심으로 아래위 1단(위 [i]단, 아래 [e]단)에서만 활용하기 때
  문에 붙여진 이름이다.

② **5단동사** (u동사, 1그룹동사, 1류동사)

1단동사 이외의 동사들

> ★ 불규칙 동사 (예외동사, 3그룹동사, 3류동사)
>   する, 来(く)る

2) 동사 기본형에 붙는 기본 활용형태는 5개이다.
  ① 부정형태 - ない
  ② 정중형태 - ます
  ③ 종지형태 - 。
  ④ 가정・조건형태 - れば(1단동사) / ば(5단동사)
                  食べる - 食べ<u>れば</u> / 飲む - 飲め<u>ば</u>
  ⑤ 권유・의지형태 -
      よう(1단동사에 붙음) / う(5단동사에 붙음)
      食べる - 食べ<u>よう</u> / 飲む - 飲も<u>う</u>

(3) 동사활용 규칙

〈 5단동사 활용 규칙 〉

	활용형태		규칙	활용된 표현
飲む(のむ) nom-u	ない(부정)	a	u(단)를 a(단)로 바꾸고 [ない]를 붙임	飲まない
	ます (정중)	i	u(단)를 i(단)로 바꾸고 [ます]를 붙임	飲みます
	종지	u	사전 표제어와 같음	飲む
	ば(가정 or 조건)	e	u(단)를 e(단)로 바꾸고 [ば]를 붙임	飲めば
	う(의지 and 권유)	o	u(단)를 o(단)로 바꾸고 [う]를 붙임	飲もう

〈 1단동사 활용 규칙 〉

	활용형태	규칙	활용된 표현
食べる (たべる) tabe-ru	ない(부정)	ru를 삭제하고 [ない]를 붙임	食べない
	ます (정중)	ru를 삭제하고 [ます]를 붙임	食べます
	종지	사전 표제어와 같음	食べる
	れば (가정 or 조건)	ru를 삭제하고 [れば]를 붙임	食べれば
	よう (의지 and 권유)	ru를 삭제하고 [よう]를 붙임	食べよう

(4) 불규칙동사 활용

する

しない - します - する - すれば - しよう

来(く)る

来(こ)ない - 来(き)ます - 来(く)る - 来(く)れば - 来(こ)よう

Unit 2

<ruby>動<rt>どう</rt>詞<rt>し</rt>活<rt>かつ</rt>用<rt>よう</rt>及<rt>およ</rt>び<rt></rt>助<rt>じょ</rt>詞<rt>し</rt></ruby>

동사활용 및 조사

1. 1단동사의 형태로 5단 활용을 하는 주요 동사

嘲(あざけ)る	비웃다, 조소하다	湿(しめ)る	습기차다,축축하다
焦(あせ)る	조급해 하다, 애태우다	喋(しゃべ)る	수다떨다, 재잘거리다
煎(い)る	볶다	滑(すべ)る	미끄러지다, 활주하다
要(い)る	필요하다, 소요되다	せびる	조르다
弄(いじ)る	만지작거리다, 주무르다	散(ち)る	떨어지다. 흩어지다
陥(おちい)る	빠지다, 걸려들다	千切(ちぎ)る	잘게 찢다
返(かえ)る	원상태로 돌아가다	抓(つね)る	꼬집다
帰(かえ)る	돌아가다, 돌아오다	照(て)る	비치다, 빛나다
限(かぎ)る	한하다, 한정하다	とちる	실수하다, (대사)틀리다
齧(かじ)る	갉다	握(にぎ)る	쥐다, 잡다
切(き)る	자르다, 베다	練(ね)る	단련하다, 반죽하다
覆(くつがえ)る	뒤집히다, 번복되다	入(はい)る	들어가다
蹴(け)る	발로 차다	走(はし)る	달리다
こじる	비틀다	捻(ひね)る	비틀다, 뒤틀다
知(し)る	알다	減(へ)る	줄어들다
仕切(しき)る	칸막이하다, 구분하다	参(まい)る	가다/오다의 겸양어
しくじる	실수하다, 그르치다	混/交(ま)じる	섞이다
茂(しげ)る	우거지다, 무성해지다	野次(やじ)る	야유하다, 조롱하다

> ★ 위의 동사들은 1단동사의 모습을 하고 있다.
> 그러나 활용형태 5개를 붙일 때는 5단동사의 규칙을 적용 받는다.

(1) 동사활용 연습

1) 1단동사 10개를 찾아 적어보기

2) 5단동사 10개를 찾아 적어보기

3) 1단동사를 5개 사용하여 표 채워보기

	부정표현	정중표현	종지 표현	가정표현 조건표현	의지표현 권유표현
예) 食べる 먹다	食べない 먹지 않다	食べます 먹습니다	食べる 먹다	食べれば 먹으면	食べよう 먹어야지/먹자
いる 있다	(　　　) 있지 않다 없다	(　　　) 있습니다	(　　　) 있다	(　　　) 있다면	(　　　　　) 있어야지/ 있자

4) 5단동사를 5개 사용하여 표 채워보기

	부정표현	정중표현	문 마침표현	가정표현 조건표현	의지표현 권유표현
예) 飲む	飲まない	飲みます	飲む	飲めば	飲もう
歩(ある)く 걷다	( ) 걷지 않다	( ) 걷습니다	( ) 걷다	( ) 걷는다면	( ) 걸어야지/걷자

5) 1단동사의 모습으로 5단 활용하는 동사를 사용하여 표 채워보기

	부정표현	정중표현	문 마침표현	가정표현 조건표현	의지표현 권유표현
예) 嘲る 비웃다	嘲らない 비웃지 않다	嘲ります 비웃습니다	嘲る 비웃다	嘲れば 비웃는다면	嘲ろう 비웃어야지/ 비웃자
切る 자르다	( ) 자르지 않다	( ) 자릅니다	( ) 자르다	( ) 자른다면	( ) 잘라야지/자르자

(2) 규칙을 따르지 않는 동사 활용

불규칙 동사 する, 来(く)る는 규칙이 없기 때문에 조건 없이 익혀야 한다.

★ [う]로 끝나는 5단동사의 부정표현은 [あ] 대신 [わ]로 바꾸고 [な い]를 붙인다.

言う + ない → 言あない (×) / 言わない (○)
말하다   말하지 않다

[정중표현]부터는 5단동사 규칙을 그대로 따른다.

---

2. 조사

일본어의 조사는 대부분 대응하는 한국어 조사가 있으나, 대응하는 한국어가 없는 경우, 일본어 조사의 쓰임이 한국어와는 다른 경우는 주의해서 익혀 두어야 한다.

(1) 기본 주요 조사

1) [で] – 6가지 주요 용법이 있다.

① 장소 (동작 공간 → 동작동사와 함께 사용)
庭で遊んでいる。 정원에서 놀고 있다.

② 원인 · 이유

雨で中止になった。 비 때문에 중지되었다.

③ 수단

ペンで書く。 펜으로 쓴다

④ 재료

木で作ります。 나무로 만듭니다.

⑤ 단위

五つで五百円です。 다섯 개에 오백 엔입니다.

⑥ 시간 한도

今日で終りです。 오늘로 끝입니다.

2) [に] – 4가지 주요 용법이 있다.

① 장소 (귀착점)

学校にいます。 학교에 있습니다.

② 시간

七時に起きます。 7시에 일어납니다.

③ 동작의 대상 (~에게)

先生に話す。 선생님에게 이야기하다.

④ 동작의 목적 (~하기 위해서)

食べに行きます。 먹으러 갑니다.

食べに来ます。 먹으러 옵니다.

※ 관용 표현 : 先生になる 선생님이 되다

3) [から] - 3가지 주요 용법이 있다.

① 시발점

日本から来る。 일본에서 온다.

② 추출

米から酒を作る。 쌀로 술을 만든다.

③ 원인・이유 (※ 앞에는 동사나 형용사가 온다)

近いから行く。 가까워서 간다.

近いので行く。 가까우므로 간다.

※ [から]는 주관적인 원인・이유, [ので]는 객관적인 원인・이유.

★ [で] or [から] 넣기

机は木( )作る vs. ワインはぶどう( )作る

책상은 나무로 만든다 / 와인은 포도로 만든다

★ 장소의 [で] or [に] 넣기

東京( )住む vs. 東京( )暮す

※ 동사 [住む(실다)]와 [暮す(살다)]의 차이를 알아야 함.

★ [~을/를 만나대의 [을/를]에 해당하는 [に], [と] 구별

昨日駅で田中さんに会った。昨日駅で田中さんと会った。

어제 역에서 다나카씨를 만났다.

[と]는 상호 작용으로 만날 때 사용하며, [に]는 한 쪽만이 움직여 만날 때 사용한다.

大阪まで友達に会いに行きました。 (○)

大阪まで友達と会いに行きました。 (×)

오사카까지 친구를 만나러 갔습니다.

4) [までに], [くらい・ぐらい], [とか], [こそ], [ずつ]

① [までに] - 시간 한정

一時までには帰ります。

1시까지는 돌아갑니다.

② [くらい・ぐらい] - 정도, 쯤

十人ぐらいいる。

10명 정도 있다.

③ [とか] - 라든가, 다느니

本とかノートとか。

책이라든가 노트라든가

風邪を引いたとかで、休んでいます。

감기에 걸렸다느니(이유)로, 쉬고 있습니다.

④ [こそ] - 야말로

今年こそ合格したい。

올해야말로 합격하고 싶다.

⑤ [ずつ] - 씩

少しずつ飲む。

조금씩 마신다.

5) 기타 주요 조사들

① [し、] ~하고 (문장 나열)

僕は勉強もできるし、スポーツもできる。

나는 공부도 잘 하고, 스포츠도 잘한다.

② [かどうか] ~인지 어떤지

これでいい<u>かどうか</u>分(わ)かりません。

이것으로 좋은지 어떤지 모르겠습니다.

③ [のに] ~는데 (예상과는 달리)

薬(くすり)を飲(の)んだ<u>のに</u>治(なお)らない。

약을 먹었는데 낫지 않는다.

④ [でも、] ~라도

お茶(ちゃ)<u>でも、</u> どうぞ。

차라도 드세요.

【중급으로 가는 어휘 (동사 1)】

愛(あい)する 사랑하다, 遭(あ)う (나쁜 일) 우연히 만나다(생기다),
諦(あきら)める 포기하다, 開(あ)く 열리다, 明(あ)ける 밝아지다,
憧(あこが)れる 동경하다, 預(あず)ける 맡기다, 暖(あたた)める 따뜻하게 하다,
扱(あつか)う 다루다, 当(あ)てはめる 들어맞추다, 暴(あば)れる 난리치다,
溢(あふ)れる 넘치다, 編(あ)む 뜨개질하다, 争(あらそ)う 다투다,
現(あら)わす 나타내다, 歩(ある)く 걷다, 慌(あ)れる 거칠어지다,
生(い)きる 살다, 抱(いだ)く 안다, 痛(いた)む 아프다, 威張(いば)る 빼기다,
いらっしゃる 오시다, 가시다, 계시다, 祝(いわ)う 축하하다,
伺(うかが)う 여쭈다, 浮(う)く 뜨다

Unit 3

音便現象(規則)
おんびんげんしょう きそく

음편현상 (규칙)

1. 음편현상이란

동사의 기본형과 「て(고/어서)」, 「た(었/았)」, 「たり(거나)」, 「たら
(니까, 면)」를 연결시킬 때 나타나는 소리와 관련된 규칙을 말한다.

食べる(기본형) → 食べて、食べた、食べたり、食べたら

2. 1단동사의 음편규칙

위의 예 「食べる」와 같이 1단동사는 「る」만 없애고 「て」, 「た」,
「たり」, 「たら」를 연결시키면 된다.

끝내다 → 끝내고/끝내서, 끝냈다, 끝내거나, 끝내니까/끝내면

終える → 終えて、 終えた、 終えたり、 終えたら

始める →

続ける →

3. 5단동사의 음편규칙

5단동사의 음편규칙을 익히기 위해서는 먼저 5단동사를 아래와 같이 3개 그룹으로 나눠야 한다.

① 동사 기본형의 마지막 형태가 「う」, 「つ」, 「る」인 5단동사

買<u>う</u> 사다, 勝<u>つ</u> 이기다, 折<u>る</u> 꺾다/접다

② 동사 기본형의 마지막 형태가 「む」, 「ぶ」, 「ぬ」인 5단동사

飲<u>む</u> 마시다, 遊<u>ぶ</u> 놀다, 死<u>ぬ</u> 죽다

③ 동사 기본형의 마지막 형태가 「く」, 「ぐ」인 5단동사

書<u>く</u> 쓰다, 泳<u>ぐ</u> 헤엄치다

(1) [う / つ / る] 동사의 음편규칙

★ [う / つ / る] → [っ]로 바꾸고 [て, た, たり, たら]를 붙인다.

	て 고/어서	た 었/았	たり 거나	たら 니까/면
買<u>う</u> 사다	買って 사고/사서	買った 샀다	買ったり 사거나	買ったら 사니까/사면
勝<u>つ</u> 이기다	(　　　　　　) 이기고/이겨서	(　　) 이겼다	(　　　) 이기거나	(　　　　　　) 이기니까/이기면
入<u>る</u> 들어가다	(　　　　　　) 들어가고/들어가서	(　　) 들어갔다	(　　　) 들어가거나	(　　　　　　) 들어가니까/들어가면

(2) [む / ぶ / ぬ] 동사의 음편규칙

★ [む / ぶ / ぬ] → 「ん」으로 바꾸고 [て, た, たり, たら]의 탁음형태인 [で / だ / だり / だら]를 붙인다.

	て 고/어서	た 었/았	たり 거나	たら 니까/면
飲む 마시다	飲んで 마시고/마셔서	飲んだ 마셨다	飲んだり 마시거나	飲んだら 마시니까/마시면
遊ぶ 놀다	(　　　　　　) 놀고/놀아서	(　　　　) 놀았다	(　　　　) 놀거나	(　　　　　　) 노니까/놀면
死ぬ 죽다	(　　　　　　) 죽고/죽어서	(　　　　) 죽었다	(　　　　) 죽거나	(　　　　　　) 죽으니까/죽으면

(3) [く / ぐ] 동사의 음편규칙

★ [く] → [い]로 바꾸고 [て, た, たり, たら]를 붙인다.

★ [ぐ] → [い]로 바꾸고 [で, だ, だり, だら]를 붙인다.

	て 고/어서	た 었/았	たり 거나	たら 니까/면
書く 쓰다	書いて 쓰고/써서	書いた 썼다	書いたり 쓰거나	書いたら 쓰니까/쓰면
泳ぐ 헤엄치다	泳いで 헤엄치고/헤엄쳐서	泳いだ 헤엄쳤다	泳いだり 헤엄치거나	泳いだら 헤엄치니까/헤엄치면

(4) 주의해야 할 동사

음편규칙에 적용되지 않는 동사들은 주의해서 익혀두어야 한다.

1) [する], [来(く)る] + て, た, たり, たら

★ する	→	して,	した,	したり,	したら
하다		하고/해서	했다	하거나	하니까/하면

★ 来る	→	来(き)て,	来(き)た,	来(き)たり,	来(き)たら
오다		오고/와서	왔다	오거나	오니까/오면

2) [行(い)く], [問(と)う] + て, た, たり, たら

★ 行く	→	行って,	行った,	行ったり,	行ったら
가다		가고/가서	갔다	가거나	가니까/가면

★ 問う	→	問うて,	問うた,	問うたり,	問うたら
묻다		묻고/물어서	물었다	묻거나	물으니까/물으면

3) [す]로 끝나는 동사 + て, た, たり, たら

「する」동사와 동일한 음편현상으로 이해하면 된다.

★ 話(はな)す	→	話して,	話した,	話したり,	話したら
말하다		말하고/말해서	말했다	말하거나	말하니까/말하면

★ ます → まして, ました, ましたら
※ ましたり (사용하지 않음)

(5) 1단, 5단, 주의 동사 음편현상 연습

아래와 같이 연습해 보세요.

예) 諦(あきら)める 포기하다
→ 諦め<u>て</u>, 諦め<u>た</u>, 諦め<u>たり</u>, 諦め<u>たら</u>

① 遭(あ)う (나쁜 일) 우연히 만나다(생기다)
→

② 愛(あい)する 사랑하다
→

③ 開(あ)く 열리다
→

④ 現(あら)わす 나타내다
→

⑤ 憧(あこが)れる 동경하다
→

⑥ 預(あず)ける 맡기다

→

⑦ 暖(あたた)める 따뜻하게 하다

→

⑧ 扱(あつか)う 다루다

→

⑨ 痛(いた)む 아프다

→

⑩ 歩(ある)く 걷다

→

⑪ 溢(あふ)れる 넘치다

→

⑫ 編(あ)む 뜨개질하다

→

⑬ 争(あらそ)う 다투다
  →

⑭ 荒(あ)れる 거칠어지다
  →

⑮ 抱(いだ)く 안다
  →

⑯ 威張(いば)る 뻐기다
  →

⑰ いらっしゃる 가시다, 오시다, 계시다
  →

⑱ 祝(いわ)う 축하하다
  →

⑲ 伺(うかが)う 여쭈다
  →

⑳ 浮(う)く 뜨다

→

(6) 1단 모습 5단 활용 동사 음편현상 연습

아래 예)와 같이 연습해 보세요.

예) 入(はい)る 들어가다
   → 入って, 入った, 入ったり, 入ったら

① 湿(しめ)る 습기차다, 축축하다

→

② 焦(あせ)る 조급해 하다, 애태우다

→

③ 喋(しゃべ)る 수다떨다, 재잘거리다

→

④ 減(へ)る 줄어들다

→

⑤ 滑(すべ)る 미끄러지다, 활주하다

　　→

⑥ せびる 조르다

　　→

⑦ 知(し)る 알다

　　→

⑧ 散(ち)る 떨어지다. 흩어지다

　　→

⑨ 混/交(ま)じる 섞이다

　　→

⑩ 千切(ちぎ)る 잘게 찢다

　　→

⑪ 返(かえ)る 원상태로 돌아가다

　　→

⑫ 帰(かえ)る 돌아가다, 돌아오다
→

⑬ 蹴(け)る 발로 차다
→

⑭ 照(て)る 비치다, 빛나다
→

⑮ 限(かぎ)る 한하다, 한정하다
→

⑯ とちる 실수하다, 대사를 틀리다
→

⑰ 参(まい)る 가다/오다의 겸양어
→

⑱ 握(にぎ)る 쥐다, 잡다
→

⑲ 切(き)る 자르다, 베다

　→

⑳ 走(はし)る 달리다

　→

【중급으로 가는 어휘 (동사 2)】

飼(か)う 기르다, 変(か)える 바꾸다, 換(か)える (교환)바꾸다, 輝(かがや)く 빛나다,
かく 긁다, 隠(かく)す 숨기다, 欠(か)ける 결여되다, 飾(かざ)る 꾸미다,
稼(かせ)ぐ 돈을 벌다, 片(かた)づける 치우다, 片寄(かたよ)る 기울다,
担(かつ)ぐ 짊어지다, 被(かぶ)せる 씌우다, 通(かよ)う (학교 등)다니다,
刈(か)る 자르다, 乾(かわ)く (건조)마르다, 変(か)わる 변하다,
関(かん)する 관계하다, 着替(きが)える 갈아입다, 刻(きざ)む 새기다,
気(き)に入(い)る 마음에 들다, 嫌(きら)う 싫어하다, 切(き)れる 끊어지다,
砕(くだ)く 빻다, くたびれる 지치다, くっつける 붙이다, 組(く)む (팀)짜다,
悔(く)やむ (감정)분해 하다, 繰(く)り返(かえ)す 반복하다, 暮(く)れる 저물다,
加(くわ)わる 더하다, 漕(こ)ぐ (노)젓다, 心得(こころえ)る 마음에 새기다,
越(こ)す 넘다, 言付(ことづ)ける 전달을 부탁하다, 好(この)む 좋아하다,
困(こま)る 곤란하다, 転(ころ)がす 굴리다, 転(ころ)ぶ 넘어지다

Unit 4

動詞と動詞の結合及び授受表現
どうし どうし けつごうおよ じゅじゅひょうげん

동사와 동사의 결합 및 수수표현

1. 동사와 동사를 결합하는 방법

동사와 동사를 결합하는 방법은 아래와 같이 두 가지가 있다.
결합하는 방식에 따라 의미가 다르니 주의하자.

(1) [동사ます형 + 동사] - 앞 동사의 동사활용 규칙을 이용
한다.

食^たべる	+	始^{はじ}める	→	食べます	+	始める	→	食べ始める
먹다		시작하다		먹습니다		시작하다		먹기 시작하다

飲^のむ	+	始^{はじ}める	→	飲みます	+	始める	→	飲み始める
마시다		시작하다		마십니다		시작하다		마시기 시작하다

(勉強^{べんきょう})する	+	始^{はじ}める	→	(勉強)します	+	始める	→	(勉強)し始める
(공부)하다		시작하다		(공부)합니다		시작하다		(공부)하기 시작하다

★ 의미상 하나의 개념으로 인식되는 경우에 사용한다.

(2) [동사 + て + 동사] - 앞 동사의 음편규칙을 이용한다.

食^たべる	+	て	+	始^{はじ}める	→	食べて始める
먹다		고/어서		시작하다		먹고(서) 시작하다

飲む + て + 始める → 飲んで始める

마시다　　고/어서　　시작하다　　　　　마시고(서) 시작하다

(勉強)する + て + 始める → (勉強)して始める

(공부)하다　　고/어서　　시작하다　　　(공부)하고 시작하다

※ 勉強してよかった。 → 공부해서 좋았다 / 다행이다.

★ 의미상 두 개의 개념으로 인식되는 경우에 사용한다.

(3) [동사 + て + 동사] 방식으로 연결되는 **주요 후항동사**

おく	しまう	やる	くれる	もらう	みる
두다/놓다	버리다/말다	주다	주다	받다	보다

예) 食べる + おく, しまう, やる, くれる, もらう, みる

食べておく　먹어 두다

食べてしまう　먹어 버리다, 먹고 말다

食べてやる　먹어 주다

食べてくれる　먹어주다

食べてもらう　먹는 행위를 받다 → (상대방이) 먹어주다

食べ<u>てみる</u>　먹어 보다

★ [동사 + て + 동사] 문형을 취하는 후항동사 가운데 [いる(있다)]
가 나오는 [동사-ている] 문은 2가지 의미로 나타나는 경우가 있
으므로 주의해야 한다.

1) 움직임의 의미 - 주로 앞 동사가 동작동사이다.

食^たべる + て + いる → 食^たべている　　太郎^{たろう}がパンを食^たべている。
먹다　　고/어서　있다　　먹고 있다　　타로가 빵을 먹고 있다.
　　　　　　　　　　먹고서 있다(×)　타로가 빵을 먹고서 있다(×)

2) 상태의 의미 - 주로 앞 동사가 결과동사이다.

死^しぬ + て + いる → 死^しんでいる　　鼠^{ねずみ}が死^しんでいる。
죽다　　고/어서　있다　　죽고 있다(×)　쥐가 죽고 있다.(×)
　　　　　　　　　　죽어 있다(○)　쥐가 죽어 있다.(○)

3) 상황에 따라서 움직임과 상태 의미 모두가 나타나는 경우가 있다.

咲^さく + て + いる → 咲^さいている　　花^{はな}が咲^さいている。
피다　　고/어서　있다　　피어 있다(○)　꽃이 피어 있다.(○)
　　　　　　　　　　피고 있다(△)　꽃이 피고 있다.(○) (특수한 상황)

4) [ている]와 결합을 못하는 동사

要(い)る 필요하다 : 要る + ている → いっている (×)
ある　　　　　　 : ある + ている → あっている (×)
いる　　　　　　 : いる + ている → いている (×)

★ [동사+てある]문은 항상 [상태]의 의미만을 나타낸다.
그러므로 주어는 [비의지] 주어가 온다.
<u>ミルク</u>が温(あたた)めてある。 밀크가 데워져 있다.

(4) [동사ます형 + 동사] 형식으로 연결되는 주요 동사

1) 読(よ)む + <u>始める</u>, <u>続(つづ)ける</u>, <u>終(お)える</u>, <u>終(お)わる</u>

　　읽다　　시작하다　계속하다　　끝내다　　　끝나다
　　　　　　⇓
　　読み始める　읽기 시작하다

　　読み続ける　읽기 계속하다 → 계속 읽다

　　読み終える　읽기 끝내다 → 다 읽다

　　読み終わる　읽기 끝나다 → 다 읽다

2) 走(はし)る + <u>出(だ)す</u>, <u>過(す)ぎる</u>, <u>たがる</u>

　　달리다　　　내다　지나치다　싫어하다
　　　　　⇓
　走り出す 달리기 시작하다

　走り過ぎる 달리기 지나치다 → 지나치게 달리다 → 너무 달리다
　走りたがる 달리고 싶어하다

3) 数(かぞ)える + **きる**,   **きれない**

　　　세다　　　　　끊다　끊어지지 않다
　　　　　　　　⇓
　　数えきる 세기를 끊다 → 다 세다

　　数えきれない 세기가 끊어지지 않다 → 다 셀 수 없다

4) 考(かんが)える + **直(なお)す**

　　　생각하다　　　　　고치다
　　　　　　　　⇓
　　考え直す → 생각을 고쳐먹다
　　　　　　　　다시 생각하다

5) 飲(の)む + **たい**, **やすい**, **にくい**

　　　마시다　　싶다　쉽다　꺼리다
　　　　　　　　⇓
　　飲みたい 마시고 싶다

　　飲みやすい 마시기 쉽다

　　飲みにくい 마시기 꺼리다 → 마시기 어렵다

(5) 기타 [동사ます형]과 관련된 주요 표현

1) [동사ます형] + 方(かた) (※ 사람일 경우 [분]의 의미)

考(かんが)える + **方(かた)** → 考え方
생각하다　　　　　 (방)법　　 생각하는 (방)법 = 사고방식

使(つか)う + 方 → 使い方
사용하다　　　　　 사용법

作(つく)る + 方 → 作り方
만들다　　　　　　 만드는 법

2) [동사ます형]의 명사적 기능

泳(およ)ぐ　 →　 泳ぎ
헤엄치다 수영,　 헤엄치기

走(はし)る → 走り
달리다　　　 달리기

乗(の)る + 換(か)える → 乗り換える
타다　　　 바꾸다　　　　　 바꿔 타다

※ 乗り換え 바꿔 타기, 환승

2. 수수표현

수수표현이란 의미상 주거나 받거나 하는 표현을 말한다.

대표적인 수수표현 동사는 [あげる(やる) 주다], [もらう 받다],

[くれる 주다]이며, 동사와 결합할 경우는 [동사 + て + あげる(やる) / もらう / くれる] 형태로 사용한다.

(1) [あげる(やる)], [もらう], [くれる]의 구별

[もらう]는 기본적으로 한국어 [받다]와 대응하여 나타나므로 어려움 없이 사용할 수 있다.

타로가 하나코로부터 선물을 <u>받았다.</u>
太郎が 花子から プレゼントを <u>もらった。</u>

[あげる(やる)]와 [くれる]는 모두 한국어 [주다]로 나타나므로 [あげる(やる)]와 [くれる]는 잘 구분하여 사용해야 한다.

내가 장미를 하나코에게 <u>주었다.</u>

僕がバラを花子に<u>あげた。</u> (○)

僕が薔薇を花子に<u>くれた。</u> (×)

★ [あげる], [くれる] 사용을 위한 〈Y.I. 공식〉 ★

〈전제〉
① - 1인칭 (나, 화자)
② - 2인칭 (너, 당신)
③ - 3인칭 (나 너 이외 사람)

1) 1인칭이 줄 때는 모두 [あげる(やる)]를 사용한다.

① → ② : <u>私</u>が<u>あなた</u>に薔薇_{ばら}を<u>あげた(やった)</u>。

내가 당신에게 장미를 <u>주었다</u>.

① → ③ : <u>僕</u>が<u>太郎</u>にプレゼントを<u>あげた(やった)</u>。

제가 <u>타로</u>에게 선물을 <u>주었다</u>.

① → ① : 僕は自分自身にご褒美を<u>あげた(やった)</u>。

나는 나 자신에게 보상을 <u>주었다</u>.(※ 특별한 상황)

2) 2인칭이 줄 때는 받는 사람이 1인칭일 때만 [くれる]를 사용한다.

② → ① : <u>くれる</u>

<u>あなた</u>が<u>私</u>に薔薇_{ばら}を<u>くれました</u>。

<u>당신</u>이 <u>나</u>에게 장미를 <u>주었습니다</u>.

② → ③ : <u>貴方</u>が<u>太郎</u>にプレゼントを<u>あげましたか(やりましたか)</u>。

<u>당신</u>이 <u>당신</u>에게 선물을　<u>주었습니까?</u>

② → ② : <u>あなたは自分自身にご褒美を<u>あげましたか(やりましたか)</u>。

<u>당신</u>은 <u>자기자신</u>에게 보상을 <u>주었습니까?</u> (※ 특별한 상황)

3) 3인칭이 줄 때는 받는 사람의 인칭에 따라 각각 다르니 주의한다.

③ → ① : くれる

太郎(たろう)が私に薔薇(ばら)をくれました。

타로가 나에게 장미를 주었습니다.

③ → ② : あげる(기본) / くれる

太郎が君(きみ)にプレゼントをあげた。

타로가 너에게 선물을 주었다.

え、これ、太郎が君にくれたの?

어, 이거, 타로가 너에게 주었어?

③ → ③ : あげる

太郎が自分自身(じぶんじしん)にご褒美(ほうび)をあげた(やった)。

타로가 자기자신에게 보상을 주었다. (※ 특별한 상황)

(2) 〈Y.I. 공식〉을 이용한 [동사 + て + あげる(やる) / く
れる] 연습

※ 명사 + のために - 명사를 위해서

빵 - パン

사다 - 買(か)う

1) 1인칭이 줄 때

① 나는 너를 위해서 빵을 사 주었다.

　→

② 나는 타로를 위해서 빵을 사 주었다.

　→

③ 나는 자신을 위해서 빵을 사 주었다.

　→

2) 2인칭이 줄 때

① 당신은 나를 위해서 빵을 사 주었다.

　→

② 당신은 타로를 위해서 빵을 사 주었다.

　→

③ 당신은 자신을 위해서 빵을 사 주었습니까? (특수한 상황)

　→

3) 3인칭이 줄 때

① 타로는 나를 위해서 빵을 사 주었다.

→

② 타로는 당신을 위해서 빵을 사 주었다.

→

③ 타로는 자신을 위해서 빵을 사 주었습니까? (특수한 상황)

→

探(さが)す 찾다, 下(さ)げる 내리다, 探(さぐ)る (의도)살피다, 刺(さ)さる 꽂히다,
差(さ)し引(ひ)く 빼다, 差(さ)す 우산을 쓰다, (손)내밀다, 冷(さ)ます 식히다,
去(さ)る 떠나다, 仕上(しあ)げる 완성하다, 従(したが)う 따르다, 縛(しば)る 묶다,
絞(しぼ)る (쥐어)짜다, 締(し)め切(き)る 마감하다, 閉(し)める 닫다,
調(しら)べる 조사하다, 透(す)き通(とお)る 투명하다, 救(すく)う 구하다,
進(すす)む 나아가다, 進(すす)める 나아가게 하다, 住(す)む 살다,
ずらす 엇나가게 하다, 接(せっ)する 접하다, 攻(せ)める 공격하다,
育(そだ)てる 키우다, 下(さ)がる 내려가다, 逸(そ)れる 벗어나다,
存(ぞん)じる・存ずる(思う、知るの 겸양) 알다

Unit 5

[動詞+て+OO]表現と[動詞+た+OO]表現

[동사 + て + OO] 표현과 [동사 + た + OO] 표현

Unit 4에서 기본적인 [동사+て+동사] 표현을 다루었다. 여기서는 비슷한 형태의 주요 [동사+て+○○] 표현과 [동사+た+○○] 표현을 익혀나가도록 한다.

먼저 [동사+て+동사] 표현에 대한 연습으로 아래 한국어를 일본어로 바꿔보자. (※ 시제(과거형) 주의)

① 노트에 이름이 쓰여 있었다. (ノート、名前、書く、てある 사용)

　　→

② 학교에 가 보았다. (学校、行く、てみる 사용)

　　→

③ 타로의 방을 청소해 두었다.
　　(太郎、部屋、掃除する、ておく 사용)

　　→

④ 스마트폰을 잃어버리고 말았다.
   (スマホ、なくす、てしまう 사용)

   →

1. 주요 [동사 + て + OO] 표현

(1) ～てくる ～해 오다, ～해 지다

くるの 과거형 きた

慣(な)れる + てくる → 慣れてくる
익숙해지다

학교생활에 익숙해졌다. (学校の生活、慣れる、てくる 사용)
   →

(2) ～ていく ～해 가다

いくの 과거형 いった

続(つづ)ける + ていく → 続けていく
계속하다

일본어 공부를 계속해 갔습니다. (日本語, 勉強, 続ける, ていく 사용)
   →

(3) ～てもらいたい → て ＋ もらう ＋ たい　～해 받고 싶다

　　　　　　　　　　　　　　　　받다　　싶다

たいの 과거형 たかった

返(かえ)す ＋ てもらいたい → 返してもらいたい
돌려주다

내 펜을 돌려받고 싶었다. (私, ペン, 返す, てもらいたい 사용)

　　→

(4) ～てほしい　　～해 주었으면 한다

ほしいの 과거형 ほしかった

届(とど)ける ＋ てほしい → 届けてほしい
전해주다

하나코에게 이것을 전해 주었으면 했다.
(花子, これ, 届ける, てほしい 사용)

　　→

(5) ～てもいい　　～해도 좋다

いいの 과거형 よかった

★ [いい]와 [よい]는 모두 한국어로 [좋은 / 좋다]로 해석된다.
다만 [よい]는 [바른, 올바른]의 어감도 갖는다.
활용형태에 있어서 [いい]는 [いいです] 활용만이 가능하고,
[よい]는 [よくない], [よいです], [よければ]와 같이 활용 가능하다.

休(やす)む + てもいい → 休んでもいい
쉬다

오늘은 쉬어도 괜찮습니까? (今日, 休む, てもいい 사용)

→

(6) ～てはいけない   ～해서는 안 된다

いけない의 과거형 いけなかった

喧嘩(けんか)する + てはいけない → 喧嘩してはいけない
　　싸우다

사랑하는 사람과 싸우면 안 되었습니다.
(愛する人, 喧嘩する, てはいけない 사용)

　　　→

(7) ～てはならない　　～해서는 안 된다

ならない의 과거형 ならなかった

喧嘩(けんか)する ＋ てはならない → 喧嘩してはならない

사랑하는 사람과 싸우면 안 되었습니다.
(愛する人, 喧嘩する, てはならない 사용)

→

★ [てはいけない]와 [てはならない]의 차이는 명확하게 구분되지는
않지만 경향적으로 [てはいけない]는 주로 사적인 일에 사용하고,
[てはならない]는 주로 공적인 일에 사용한다.

2. 기초 [동사 ＋ た ＋ OO] 표현

(1) ～たまま　　～한 채로

書(か)く ＋ たまま → 書いたまま
쓰다

노트에 이름을 쓴 채로 버렸다.
(ノート, 名前, 書く, たまま, 捨てる 사용)

→

(2) ～た方(ほう)がいい ～하는 편이 좋다

行(い)く + た方がいい → 行った方がいい
가다

학교에 가는 편이 좋다. (学校, 行く, た方がいい 사용)

→

3. [동사+て+○○] 표현과 [동사+た+○○] 표현 연습

てある, てみる, ておく, てしまう, ていく, てくる, てもらいたい, てほしい, てもいい, てはいけない, てはならない, たまま, た方(ほう)がいい

위의 표현들을 사용하여 아래와 같이 연습해 보세요.

예) 飲(の)む 마시다

飲んである、飲んでみる、飲んでおく、飲んでしまう、
飲んでいく、飲んでくる、飲んでもらいたい、飲んでほしい、
飲んでもいい、飲んではいけない、飲んではならない、
飲んだまま、飲んだ方がいい

연습 1) 転(ころ)ぶ 넘어지다

연습 2) 探(さが)す 찾다

연습 3) 下(さ)がる 내려가다

연습 4) 探(さぐ)る (의도를)살피다

연습 5) 刺(さ)さる 꽂히다

연습 6) 差(さ)し引(ひ)く 빼다

연습 7) 差(さ)す (우산을)쓰다, (손을)내밀다

연습 8) 冷(さ)ます 식히다

연습 9) 去(さ)る 떠나다

연습 10) 仕上(しあ)がる 완성되다

【중급으로 가는 어휘 (동사 4)】

対(たい)する 대하다, 高(たか)める 높이다, 足(た)す 더하다, 訪(たず)ねる 방문하다,
溶(と)かす 녹이다, 溶(と)く 녹다, 解(と)く (문제)풀다, 閉(と)じる 닫다,
飛(と)び込(こ)む 뛰어들다, 止(と)まる 멈추다, 泊(と)める 묵게 하다,
取(と)り入(い)れる 받아들이다, 取(と)り出(だ)す 꺼내다,
採(と)る (피)뽑다, 채용하다, 채집하다, 取(と)る 잡다, 들다,
直(なお)す 고치다, 眺(なが)める 바라보다, 鳴(な)く (새)울다, 亡(な)くす 없애다,
殴(なぐ)る 때리다, 成(な)す 이루다, 悩(なや)む 고민하다, 並(なら)ぶ 늘어서다,
なる 되다, 握(にぎ)る 쥐다, 慣(な)れる 익숙해지다, 濁(にご)る 탁해지다,
煮(に)る 삶다, 脱(ぬ)ぐ 벗다, 乗(の)る 타다

Unit 6

動詞活用形と結合する表現

동사활용형과 결합하는 표현

5가지 동사활용형인 부정형, 정중형, 가정·조건형, 권유·의지형
에 연결되어 나타나는 기초적인 주요 표현들을 순서대로 익혀 나가
도록 한다.

1. 동사 부정형(ない와 연결되는 형태)에 연결되는 표현들

(1) ないで, ずに → ~하지 않고

飲む + ないで / ずに → 飲まないで / 飲まずに

마시다   마시지 않고

연습 1) 이것을 먹지 않고 그것을 먹었다.

      (これ, 食べる, ないで/ずに, それ 사용)

    →

연습 2) 이것을 하지 않고 저것을 했다.

      (これ, する, ないで/ずに, あれ 사용)

    →

연습 3) 선생님이 오지 않고 학생이 왔다.

(先生, 来る, ないで/ずに, 学生 사용)

→

★ 동사 [する]는 예외로 [しないで], [せずに]와 같이 나타난다.

(2) なくて → ~하지 않아도, ~하지 않아서

飲む + なくて → 飲まなくて

마시다　　　　　마시지 않아도, 마시지 않아서

연습 1) 이것을 마시지 않아도 괜찮나요?

(これ, 飲む, なくて, いい 사용)

→

연습 2) 이것을 마시지 않아서 죄송합니다.

(これ, 飲む, なくて, ごめんなさい 사용)

→

なくてもいい → ~하지 않아도 좋다, ~하지 않아도 괜찮다

飲^のむ ＋ なくてもいい → 飲まなくてもいい

마시다 　　　　　　　　 마시지 않아도 좋다

연습 3) 이것을 마시지 않아도 괜찮나요?
　　　　(これ, 飲む, なくてもいい 사용)

　　　　→

なくても構(かま)わない → ～하지 않아도 괜찮다

飲^のむ ＋ なくても構わない → 飲まなくても構わない

마시다 　　　　　　　　　 마시지 않아도 괜찮다

연습 4) 이것을 마시지 않아도 괜찮나요?
　　　　(これ, 飲む, なくても構わない 사용)

　　　　→

(3) ないで下(くだ)さい → ～하지 말아 주세요

飲^のむ ＋ ないで下さい → 飲まないで下さい

마시다 　　　　　　　　 마시지 말아 주세요.

연습 1) 이것을 마시지 말아 주세요.
　　　(これ, 飲む, ないで下さい 사용)

　　　　　→

ないではいられない → ～하지 않고서는 있을 수 없다,
**　　　　　　　　　　　　　～하지 않을 수 없다**

飲む + ないではいられない →　飲まないではいられない
マ시다　　　　　　　　　　　　　　マ시지 않을 수 없다

연습 2) 이것을 마시지 않을 수 없었다.
　　　(これ, 飲む, ないではいられない 사용)

　　　　　→

ない方(ほう)がいい → ～하지 않는 편이 좋다

飲む + ない方がいい → 飲まない方がいい
マ시다　　　　　　　　　　マ시지 않는 편이 좋다

연습 3) 이것을 마시지 않는 편이 좋았다.
　　　(これ, 飲む, ない方がよい 사용)

　　　　　→

なければ → ~하지 않으면

飲む + なければ → 飲まなければ

마시다   마시지 않으면

연습 4) 이것을 마시지 않으면 좋았다.

　　　　(これ, 飲む, なければ, よい 사용)

　　　　　→

★ ~하지 않으면 안 된다 or ~해야만 한다

<u>なければ</u>ならない 일반적으로 사용

<u>なきゃ</u>ならない 　[なければならない]의 회화체

<u>なくては</u>いけない 주관성이 강함

<u>なくちゃ</u>いけない [なくてはいけない]의 회화체

<u>ないと</u>いけない 의무적인 어감

---

2. 동사 정중형(ます와 연결되는 형태)에 연결되는 표현들

(1) すぎる → 지나치다 → 너무~하다

　　 과거형 すぎた

飲む + すぎる → 飲みすぎる

마시다 　　　　　 너무 마시다

이것을 너무 마셨다. (これ, すぎる, 飲む 사용)

→

(2) やすい → ~하기 쉽다

　　 과거형 やすかった

作る + やすい → 作りやすい

만들다 　　　　　 만들기 쉽다

이것은 만들기 쉬웠다. (これ, 作る, やすい 사용)

→

(3) にくい → ~하기 어렵다

　　 과거형 にくかった

作る + にくい → 作りにくい

만들다 　　　　　 만들기 어렵다

이것은 만들기 어려웠다. (これ, 作る, にくい 사용)

→

(4) たい → ～하고 싶다

과거형 たかった

飲む + たい → 飲みたい

마시다　　　　　마시고 싶다

이것을 마시고 싶었다. (これ, 飲む, たい 사용)

→

3. 동사 종지형에 연결되는 기본 표현들

(1) そうだ → ～라고 한다 (인용/전문)

★ 과거의 일을 인용할 때는 앞에 오는 동사를 과거형으로 바꾸어 나타낸다.

捨てる + そうだ → 捨てるそうだ

버리다　　　　　버린다고 한다.

쓰레기를 버렸다고 한다. (ゴミ, 捨てる, そうだ 사용)

→

※ 동사 ます형에 연결되는 そうだ는 [~것 같다]로 해석되는 추측의 そうだ이다.

(2) ようだ → 것 같다 (추측)

과거형 ようだった

投げる + ようだ → 投げるようだ

던지다 　　　　　　　 던지는 것 같다

공을 던지는 것 같았다. (ボール, 投げる, ようだ 사용)

→

※ 앞에 명사가 오면 [~のようだ] 형태로 연결되며, [~같다]로 해석 된다. (비유 용법)

冬 + ようだ → 冬のようだ

겨울 　　　　　　 겨울 같다

★ ようだは [ように(같이)], [ような(같은)]와 같이 활용한다.
이 경우 비유의 의미로 사용된다.

ボールを投げるようにして、笑った。 공을 던지는 것 같이 하고 웃었다.

ボールを投げるようなまねをした。 공을 던질 것 같은 흉내를 냈다.

冬のように寒い。 겨울같이 춥다.

冬のような寒さだ。 겨울같은 추위다.

(3) らしい → 것 같다 (추측)

★ 과거를 나타낼 때는 앞에 오는 동사를 과거형으로 바꾸어 나타낸다.

話す + らしい → 話すらしい
이야기하다 　　　　 이야기하는 것 같다

비밀을 이야기하는 것 같다. (秘密, 話す, らしい 사용)

→

※ 앞에 명사가 오면 [~답다]로 해석 된다.

男 + らしい → 男らしい
남자 　　　　 남자답다

★ [ようだ]와 [らしい]의 의미적 차이

　ようだ : 화자가 자신의 주관적인 판단으로~할 것 같다고 추측

　　　雨が降るようだね。走ろう!

　らしい : ~할 것 같은 정보를 사전에 외부로부터 듣고 알고 있는

　　　　상태에서 추측

　　　雨が降るらしいね。走ろう! (??)

(4) だろう → ~겠지 (막연한 추측)

★ 과거를 나타낼 때는 앞에 오는 동사를 과거형으로 바꾸어 나타낸다.

泣く + だろう → 泣くだろう

울다　　　　　　울겠지

아이라면 울었겠지. (子供, なら, 泣く, だろう 사용)

→

※ 앞에 명사가 와도 의미 연결형태 모두 그대로이다.

　子供 + だろう →　子供だろう

　아이　　　　　　아이겠지 or 아이잖아

(5) でしょう → ~겠지요 (동조를 구하는 막연한 추측)

> ★ 과거를 나타낼 때는 앞에 오는 동사를 과거형으로 바꾸어 나타낸다.

飛ぶ + でしょう → 飛ぶでしょう
날다   날겠지요

새라면 날겠지요. (鳥, なら, 飛ぶ, でしょう 사용)

→

※ 앞에 명사가 와도 의미 연결형태 모두 그대로이다.

鳥 + でしょう → 鳥でしょう
새   새겠지요 or 새잖아요

(6) ことにかけては → ~하는 것(일)에 있어서는

走る + ことにかけては → 走りることにかけては
달리다   달리는 일에 있어서는

달리기에 있어서는 그가 최고다.
(走る, ことにかけては, 彼, 最高だ 사용)

→

(7) 기타 종지형에 연결되는 주요 표현들

1) かも知(し)れない → ~일지도 모른다

笑(わら)う + かも知れない → 笑うかも知れない

웃다   웃을지도 모른다

그렇게 하면 웃을지도 모른다.
(そう, すると, 笑う, かも知れない 사용)

→

※ 앞에 명사가 와도 의미 연결형태 모두 그대로이다.

犯人(はんにん) + かも知れない → 犯人かも知れない

범인   범인일지도 모른다

2) はずだ → (틀림없이)~(할) 것이다

　　過去形 はずだった

★ 과거형으로 쓰일 경우 [틀림없이~할 예정이었는데 못했다]라는 의미로 해석된다.

行く + はずだ → 行くはずだ

가다 　　　　　　　분명 갈 것이다

예정대로라면 갈 예정이었다.
(予定どおり, なら, 行く, はずだ 사용)

→

※ 앞에 명사가 오게 되면 [の]를 이용한다.

莓 + はずだ → 莓のはずだ

딸기 　　　　　　분명히 딸기일 것이다

3) はずがない → ~(할) 리가 없다

　　과거형 はずがなかった

やる + はずがない → やるはずがない
하다 　　　　　　　　　할 리가 없다

그가 배구를 할 리가 없었다.
(彼, バレーボール, やる, はずがない 사용)

→

※ 앞에 명사가 오게 되면 [である]를 이용한다.

林檎 + はずがない → 林檎<u>である</u>はずがない

사과　　　　　　　　　　　　사과일 리가 없다

4) みたいだ → ~(하)는 것 같다

과거형 みたいだった

帰る + みたいだ → 帰るみたいだ

돌아가다　　　　　　　　돌아가는 것 같다

연말연시에는 고향 집에 돌아가는 것 같았다.
(年末年始, 実家, 帰る, みたいだ 사용)

→

※ 앞에 명사가 와도 의미 연결형태 모두 그대로이다.

玩具 + みたいだ → 玩具みだいだ

장난감　　　　　　　　장난감 같다

5) と、 → ~(하)면 /~(하)니

起きる + と、 → 起きると、

일어나다　　　　　일어나면 / 일어나니

일어나면/니 12시였다. (起きる, と, 12時だ 사용)

→

※ 앞에 동사 과거형이 오면 [~했다고]의 의미로 인용의 용법이
된다.

起きた + と、 → 起きたと、きいた
일어났다   일어났다고 들었다

6) なら、 → ~한다면

拾う + なら、 → 拾うなら、
줍다   줍는다면

줍는다면 쓰레기를 주워라. (拾う, なら, ゴミ, 拾え 사용)

→

※ 앞에 동사 과거형이 오면 [~했다면]의 의미로 해석된다.

拾った + なら、 → 拾ったなら、
주웠다   주웠다면

7) から、 → ~(하)니까

帰る + から、 → 帰るから、

돌아가다 　　　　돌아가니까

돌아가니까 걱정하지 마요. (帰る, から, 心配しないで 사용)

→

돌아갔으니까 걱정하지 마요.

→

8) ので、 → ~(하)므로

帰る + ので、 → 帰るので、

돌아가다 　　　　돌아가므로

돌아가니 걱정하지 마요. (帰る, ので, 心配しないで 사용)

→

돌아갔으므로 걱정하지 마요.

→

> ★ [から]는 주관적 판단의 어감이 강하며, [ので]는 객관적 판단의 어감이 강하다.

9) べき → 마땅이~(해야)하는

과거형 : べきだった

> ★ 앞에 오는 동사는 과거형이 올 수 없다.

戦(たたか)う + べき → 戦うべき
싸우다   싸워야 하는

싸워야 하는 것은 나 자신이었다.
(戦う, べき, もの, 自分自身(じぶんじしん)だ 사용)

→

10) 上(うえ)は、上に、上で

① 上は、 → ~(하는) 이상은

> ★ 앞에 오는 동사는 과거형이 올 수 없다.

留学する + 上は、 → 留学する上は、

유학하다　　　　　　유학하는 이상은

유학하는 이상은 잘 준비해야 한다.

(留学する, 上は, しっかり, 準備する, なけばならない 사용)

→

② 上に、 → ～(하고) 게다가

できる + 上に、 → できる上に、

잘 하다　　　　　　잘 하고 게다가

수학을 잘 하고 게다가 영어도 잘한다. (数学, できる, 英語 사용)

→

③ 上で、 → ～하고 나서 그리고

★ 앞에 오는 동사는 주로 과거형이 온다.

認めた + 上で、 → 認めた上で、

인정하다　　　　　　인정하고 나서

잘못을 인정하고 나서 사과해야 한다.

(過^{あやま}ち, 認める, 上で, 謝^{あやま}る, なければならない 사용)

→

【중급으로 가는 어휘 (い형용사)】

粗(あら)い 꺼칠꺼칠한, 꺼칠꺼칠하다, 荒(あら)い 거친, 거칠다,
幼(おさな)い 어린, 어리다, 重(おも)い 무거운, 무겁다,
重苦(おもくる)しい 답답한, 답답하다, 固(かた)い 딱딱한, 딱딱하다,
硬(かた)い 단단한, 단단하다, くどい 끈덕진, 끈덕지다,
快(こころよ)い 기분 좋은, 기분 좋다, 四角(しかく)い 네모난, 네모나다,
ずうずうしい 뻔뻔한, 뻔뻔하다, かゆい 간지러운, 간지럽다,
頼(たの)もしい 믿음직스러운, 믿음직스럽다, 長(なが)い 긴, 길다,
鈍(にぶ)い 둔한, 둔하다, ばからしい 바보 같은, 바보 같다,
まぶしい 눈부신, 눈부시다, 面倒(めんどう)くさい 귀찮은, 귀찮다,
物足(ものたり)ない 부족한, 부족하다, 若々(わかわか)しい 젊은, 젊다,
惜(お)しい 아까운, 아깝다, 重(おも)たい 무거운, 무겁다,
騒々(そうぞう)しい 시끄러운, 시끄럽다, 騒(さわ)がしい 소란스러운, 소란스럽다,
やかましい (성가시게) 시끄러운, 시끄럽다, 親(した)しい 친한, 친하다,
そそっかしい 덜렁대는, 덜렁대다, だらしない 칠칠맞은, 칠칠맞다,
辛(つら)い 괴로운, 괴롭다, 憎(にく)い 미운, 밉다,
眠(ねむ)い 졸린, 졸리다, ふさわしい 알맞은, 알맞다,
みにくい 보기 안 좋은, 보기 안 좋다, もったいない 아까운, 아깝다,
怪(あや)しい 수상한, 수상하다, 慌(あわただ)しい 분주한, 분주하다,
おめでたい 축하 받을만한, 축하 받을만하다, 恋(こい)しい 그리운, 그립다,
ずるい-약은, 약다, 力強(ちからづよ)い 힘센, 힘세다,
のろい 느릿느릿한, 느릿느릿하다, 等(ひと)しい 동등한, 동등하다,
真(ま)っ白(しろ)い 새하얀, 새하얗다, ものすごい 굉장한, 굉장하다,
安(やす)っぽい 싸구려 같은, 싸구려 같다

Unit 7

自動詞, 他動詞及び接続詞

자동사, 타동사 및 접속사

자동사란 문에서 주어의 움직임이 저절로 그렇게 되는 동사를 말한다. 이 때 주어는 [대상]의 의미가 되며, [が]를 붙여 나타낸다.

<ruby>家<rt>いえ</rt></ruby>が<ruby>建<rt>た</rt></ruby>ちました。 집이 섰습니다.

타동사란 문에서 주어가 의지를 갖고 대상에게 영향을 미치는 동사를 말한다. 이 때 주어는 [행위자]의 의미가 되며, [が]를 붙여 나타낸다. [대상]의 의미를 나타내는 목적어는 [を]를 붙여 나타낸다.

<ruby>山田<rt>やまだ</rt></ruby>さんがご<ruby>飯<rt>はん</rt></ruby>を<ruby>食<rt>た</rt></ruby>べる。 야마다씨가 밥을 먹는다.

접속사란 단어와 단어, 구와 구, 문과 문을 이어주는 표현을 말한다.

1. 자동사와 타동사

(1) 자동사와 타동사의 짝

많은 동사들이 자동사, 타동사 짝을 갖고 있으나 모든 동사들이 그런 것은 아니다.

일본어 학습에 있어서 기본이 되는 주요 자동사 타동사 짝은 아래와 같다.

표 1. 규칙성이 보이는 자동사 타동사 짝

자동사 (あ단 + る)	타동사 (え단 + る)	자동사 (あ단 + る)	타동사 (え단 + る)
上(あ)がる 오르다	上げる 올리다	集(あつ)まる 모이다	集める 모으다
下(さ)がる 내리다	下げる 낮추다	始(はじ)まる 시작되다	始める 시작하다
閉(し)まる 닫히다	閉める 닫다	伝(つた)わる 전해지다	伝える 전하다
変(か)わる 바뀌다	変える 바꾸다	かかる 걸리다	かける 걸다
決(き)まる 결정되다	決める 결정하다	見(み)つかる 발견되다	見つける 발견하다
止(と)まる 멈추다	止める 세우다	終(お)わる 끝나다	終える 끝내다

표 2. 자동사 타동사 짝2

자동사	타동사	자동사	타동사
開(あ)く 열리다	開ける 열다	落(お)ちる 떨어지다	落とす 떨어뜨리다
立(た)つ 서다	立てる 세우다	降(お)りる 내리다	降ろす 내려놓다
建(た)つ 건설되다	建てる 건설하다	直(なお)る 고쳐지다	直す 고치다
続(つづ)く 계속되다	続ける 계속하다	治(なお)る 낫다	治す 치료하다
並(なら)ぶ 줄 서다	並べる 늘어놓다	渡(わた)る 건너다	渡す 건네다
届(とど)く 닿다, 도달하다	届ける 보내다	残(のこ)る 남다	残す 남기다
聞(き)こえる 들리다	聞く 듣다	消(き)える 꺼지다	消す 끄다
切(き)れる 끊어지다	切る 끊다, 자르다	出(で)る 나오다	出す 꺼내다
折(お)れる 부러지다	折る 부러뜨리다	冷(ひ)える 차가워지다	冷やす 차게 하다
割(わ)れる	割る	増(ふ)える	増やす

자동사	타동사	자동사	타동사
깨지다	깨다	불어나다	늘리다
焼(や)ける 타다	焼く 태우다, 굽다	沸(わ)く 끓다	沸かす 끓이다
解(と)ける 풀리다	解く 풀다	乾(かわ)く 마르다	乾かす 말리다
無(な)くなる 없어지다	無くす 분실하다	動(うご)く 움직이다	動かす 움직이게 하다
捕(つか)まる 잡히다	捕まえる 잡다	見(み)える 보이다	見る 보다
起(お)きる 일어나다	起こす 일으키다	入(はい)る 들어가다	入(い)れる 넣다

(2) 주의해야 할 자동사

자동사는 기본적으로 목적어를 취하지 않는 동사이나, [통과 장소], [출발점]이 되는 명사를 목적어로 취하는 경우가 있으니 주의해서 익혀 두어야 한다.

(1) 人(ひと)が歩(ある)く。 사람이 걷는다.
人が道(みち)を歩く。 사람이 길을 걷는다.

(2) 鈴木(すずき)さんが出(で)る。 스즈키 씨가 나간다.
鈴木さんが家(いえ)を出る。 스트키 씨가 집을 나간다.

(3) 飛行機(ひこうき)が飛(と)ぶ。 비행기가 난다.
飛行機が空(そら)を飛ぶ。 비행기가 하늘을 난다.

(4) 田中(たなか)さんが降(お)りる。 다나카 씨가 내린다.
田中さんがバスを降りる。 다나카 씨가 버스를 내린다.

(5) 山田(やまだ)さんが立(た)つ。 야마다 씨가 일어난다.

山田さんが席(せき)を立つ。 야마다 씨가 자리에서 일어난다.

(6) 車(くるま)が曲(ま)がる。 자동차가 꺾는다.

車が角を曲がる。 자동차가 모서리를 돈다.

(7) 自転車(じてんしゃ)が渡(わた)る。 자전거가 건넌다.

自転車が橋(はし)を渡る。 자전거가 다리를 건넌다.

2. 접속사(접속표현)

일본어의 기본적인 주요 접속표현은 크게 순접, 역접, 첨가(추가), 전환, 이유, 선택의 6가지 의미용법으로 나눌 수 있다.

〈기본적인 주요 접속사〉

의미용법	접속사	
순접	だから 그러므로 従(したが)って 따라서	彼(かれ)は親切(しんせつ)だ。だから彼は好(す)かれる。 これは宝石(ほうせき)だ。従(したが)って値段(ねだん)が高(たか)い。
	それで 그래서 すると 그러자	よくわからなかった。それでもう一度(いちど)質問(しつもん)した。 猫(ねこ)が来た。すると鼠(ねずみ)が逃(に)げた。
역접	しかし 그러나 けれども 그렇지만	昨日(きのう)は晴(は)れだった。しかし今日(きょう)は雨(あめ)だ。 言(い)うことは立派(りっぱ)だ。けれども何(なに)もしない。
	だが 하지만 ところが 그런데	がんばった。だが駄目(だめ)だった。 言葉使(ことばづか)いはよくなかった。ところがマナーはよかった。
	それなのに 그런데도 それでも 그래도	がんばった。それなのに駄目(だめ)だった。 失敗(しっぱい)した。それでもまた挑戦(ちょうせん)した。

의미용법		접속사
역접	でも 그러나	仕事はつらい。<u>でも</u>幸せなら大丈夫。
첨가 (추가)	그것에 게다가 その上 그 위에 게다가 また 또한	文字は読みやすい。<u>それに</u>写真も綺麗だ。 彼はスポーツ万能だ。<u>その上</u>勉強もできる。 彼女は英語が話せる。<u>また</u>日本語も話せる。
전환	それでは 그러면 では 그럼 ところで 그건 그렇고	お待ち致しました。<u>それでは</u>、第二部を始めます。 話は終わった。<u>では</u>私から質問させて頂きます。 みんな帰った。<u>ところで</u>、今何時?
이유	何故なら 왜냐하면	もう怒った。<u>何故なら</u>彼が無礼だからだ。
선택	父は 또는 それとも 혹은	雨<u>または</u>雪だろう。 コーラか、<u>それとも</u>サイダーか。

★ 의미가 유사한 접속사의 구분은 다독으로 일본어 감각을 키워나가
는 것이 효과적이다.

【중급으로 가는 어휘 (な형용사)】

★ **な형용사는 [だ]형태가 기본형이다.**

예) 鮮(あざ)やか<u>な</u> - 조화로운, 멋진, 선명한

기본형 : 鮮(あざ)やか<u>だ</u> - 조화롭다, 멋지다, 선명하다

新(あら)たな 새로운 / 新ただ 새롭다, 哀(あわ)れな 가련한 / 哀れだ 가련하다,
頑丈(がんじょう)な 튼튼한 / 頑丈だ, 튼튼하다, 爽(さわ)やかな 상쾌한 /
爽やかだ 상쾌하다, おおざっぱな 대략적인 / おおざっぱだ 대략적이다,
かすかな 미세한 / かすかだ 미세하다, 卑怯(ひきょう)な 비겁한 / 卑怯だ 비겁하다,
豊(ゆた)かな 풍족한 / 豊かだ 풍족하다, 異常(いじょう)な 이상한 / 異常だ 이상하다,
穏(おだ)やかな 온화한 / 穏やかだ 온화하다, 可哀(かわい)そうな 불쌍한 /
可愛そうだ 불쌍하다, ささやかな 자그마한 / ささやかだ 자그마하다,
手軽(てがる)な 손쉬운 / 手軽だ 손쉽다, 物騒(ぶっそう)な 험한 / 物騒だ 험하다,
心配(しんぱい)な 걱정스러운 / 心配だ, 걱정스럽다, 残念(ざんねん)な 안타까운 /
残念だ 안타깝다, 好(す)きな 좋아하는 / 好きだ 좋아하다, 不思議(ふしぎ)な 신기한 /
不思議だ 신기하다, 面倒(めんどう)な 귀찮은 / 面倒だ 귀찮다

Unit 8

けいようし
形容詞

형용사

일본어의 형용사는 명사를 수식하는 형태에 따라 [い형용사]와 [な형용사]로 나누어진다.

1. 형용사의 기본 개념

(1) 명사를 앞에서 수식하고 활용할 수 있다.

青い(파란/파랗다)

→ 青い空(파란 하늘) : [青い]는 空(명사)을 수식하고 있다.

→ 青くない(파랗지 않다) :
   [青い]가 [青く]로 활용되어 [ない]와 연결되고 있다.

(2) 형태로 나누는 형용사의 2분류

일본어의 형용사는 명사를 수식하는 형태로 이름을 붙였다.

1) い형용사

赤い林檎(빨간 사과)

林檎(명사)를 수식하는 [赤い]의 마지막 형태가 [い]이다.

2) な형용사

綺麗な人(예쁜 사람)

人(명사)를 수식하는 [綺麗な]의 마지막 형태가 [な]이다.

★ な형용사의 경우 기본형은 [な]가 아닌 [だ] 형태이다.

綺麗な(예쁜) → 명사 수식 형태

綺麗だ(예쁘다) → 기본형

대응하는 한국어 역시 [な] 형태일 때는 [~핸]으로 해석되고, [だ] 형태일 때는 [~이대]로 해석된다.

---

2. 문의 주어가 2, 3인칭일 경우 사용할 수 없는 형용사

(1) い형용사

寂しい(쓸쓸한/쓸쓸하다), 怖い(무서운/무섭다), 辛い(힘든/힘들다), 苦しい(괴로운/괴롭다), 悔しい(분한, 분하다), 眠い(졸린/졸리다) 등

あなたが寂しい。 당신이 쓸쓸하다 (×)

(2) な형용사

残念な(유감인)·残念だ(유감이다), 好きな(좋아하는)·好きだ(좋아

하다), 不思議な(신기한)·不思議だ(신기하다), 面倒な(귀찮은)-面
倒だ(귀찮다) 등

    あなたが残念だ。 당신이 유감이다 (×)

★ 이들 형용사는 주로 감정을 나타내는 형용사들이다.

---

3. 형용사 활용

형용사는 상태의 의미를 갖고 있으므로 권유·의지형의 활용은
없다. 또한 명사의 속성을 갖고 있기 때문에 정중형태는 [ます]가
아닌 [です]를 붙인다.

(1) い형용사 활용

1) 부정의 [ない]와 연결시킬 경우 [い]가 [く]로 바뀐다.

    寂しい → 寂しくない (쓸쓸하지 않다)

2) 정중의 [です]와 연결시킬 경우 형태는 변하지 않는다.

    寂しい → 寂しいです

3) 가정·조건의 [れば]와 연결시킬 경우 [い]가 [け]로 바뀐다.

寂し<u>い</u> → 寂し<u>けれ</u>ば

★ い형용사를 동사와 연결시킬 때는 [い]가 [く]로 바뀐다.
단, 이 경우 품사는 부사로 바뀐다.

寂し<u>い</u> + 寝^ねる → 寂し<u>く</u>寝る (쓸쓸히 잔다)

---

(2) な형용사 활용

1) 부정의 [ない]와 연결시킬 경우 [な/だ]를 빼고 [ではない] 형태로 사용한다.

綺麗^{きれい}<u>だ</u>/綺麗<u>な</u> → 綺麗<u>ではない</u> (예쁘지 않다)

2) 정중의 [です]와 연결시킬 경우 [な/だ]만 사라진다.

綺麗<u>だ</u>/綺麗<u>な</u> → 綺麗<u>です</u> (예쁘지 않다)

3) な형용사의 가정·조건의 의미로 나타나는 형태는 [なら(ば)]이며, [なら(ば)]와 연결시킬 경우 [な/だ]가 사라진다.

綺麗<u>だ</u>/綺麗<u>な</u> → 綺麗<u>ならば</u> (예쁘다면)

★ な형용사를 동사와 연결시킬 때는 [な/だ]가 [に]로 바뀐다.
이 경우 품사는 부사로 바뀐다.

綺麗<u>な</u>/だ + 投^なげる(던지다) → 綺麗<u>に</u>投げる (예쁘게 던진다)

---

4. [て], [た]와의 연결

(1) い형용사

1) [~고/~(해)서]의 의미를 갖는 [て]와 연결시킬 경우 [い]를 빼고 [く]를 넣는다.

青い → 青くて (파랗고 / 파래서)

2) 과거 형태 [た]와 연결시킬 경우 [い]를 빼고 [かっ]를 넣는다.

青い → 青かった (파랬다)

3) [~거나]의 의미를 갖는 [たり]와 연결시킬 경우 [い]를 빼고 [かっ] 를 넣는다.

青い → 青かったり (파랗거나)

4) [~(하)면]의 의미를 갖는 [たら]와 연결시킬 경우 [い]를 빼고 [かっ]를 넣는다.

青い → 青かったら (파라면)

(2) な형용사

1) [~고/~해서]의 의미를 갖는 [て]와 연결시킬 경우 [な/だ]를 빼고 [て] 대신 [で]로 연결시킨다.

残念な/だ → 残念で (안타깝고 / 안타까워서)

2) 과거 형태 [た]와 연결시킬 경우 [な/だ]를 빼고 [だっ]를 넣는다.

残念な/だ → 残念だった (안타까웠다)

3) [~거나]의 의미를 갖는 [たり]와 연결시킬 경우 [な/だ]를 빼고 [だっ]를 넣는다.

残念な/だ → 残念だったり (안타깝거나)

4) [~(하)면]의 의미를 갖는 [たら]와 연결시킬 경우 [な/だ]를 빼고 [だっ]를 넣는다.

残念な/だ → 残念だったら (안타까우면)

5. 기타 주요 형용사 용법

(1) 형용사는 의미상 비슷한 성질이나 평가로 연결되어 사용된다.

新幹線は速くて高い。(×)

신칸센은 빠르고 비싸다.

新幹線は速くて安い。(○)

신칸센은 빠르고 싸다

(2) [大きい家]와 [大きな家]는 모두 사용 가능하지만 어감의 차이가 있다.

1) 大きい家 – 객관적인 기준이 있음

2) 大きな家 – 주관적이며 기준이 없음

(3) 어간이 명사처럼 쓰이는 な형용사

平和だ(평화롭다), 元気だ(건강하다), 危険だ(위험하다), 自由だ
(자유롭다), 親切だ(친절하다), 幸せだ(행복하다), 便利だ(편리하다),
贅沢だ(사치스럽다) 등

※ 밑줄 친 부분(어간)은 명사처럼 사용할 수 있다.
  (※명사 연결 제외)

(4) 명사를 수식할 때 [な] 대신 [の]도 사용할 수 있는 な 형용사

色々な花 (다양한 꽃) - 色々の花

わずかな時間 (아주 적은 시간) - わずかの時間

相当なお金 (상당한 돈) - 相当のお金

別な物 (다른 물건) - 別の物

★ 관용표현
色々ある – 여러 가지가 있다
色々にある (×)

---

(5) 명사를 수식할 때 [な], [の] 모두 사용할 수 없는 な형
용사

同じだ (같다) - 同じ<u>な</u>学生 (×), 同じ<u>の</u>学生 (×)

同じ学生 (○)

(6) [いい]와 [よい]의 차이

[いい]와 [よい]는 모두 한국어로 [좋은, 좋다]의 의미로 나타난다.

1) いい

형태의 활용이 없기 때문에 형태가 변하지 않는 정중표현인 [いい
です] 활용만이 사용 가능하다.

2) よい

활용이 가능하므로 [よくない], [よいです], [よければ]와 같이
사용할 수 있다. [よい]에는 의미상 [올바른]의 어감을 갖고 있다.

Unit 9

副詞及び受動文(受け身文)

부사 및 수동문

부사는 명사, 동사, 형용사에 비해 문에서 중요한 역할을 하지 않으나, 부사를 많이 익히게 되면 일본어를 풍부하게 만들거나 사용할 수 있다.

수동문은 능동문과 동일한 상황을 다른 형식으로 나타내는 문장 표현이다. 일본어의 수동문은 한국어와 대응하여 나타나지 않는 경우가 흔하게 나타나며, 한국어의 경우는 주로 능동문으로 표현하여 나타나는 경향이 있다. 특히 일본어는 자동사문에서도 수동문이 가능하며, 이는 일본어만의 특수한 표현이라고 할 수 있다.

1. 부사

(1) 부사의 개념

부사는 문에서 명사를 제외한 동사, 형용사, 부사, 문 전체를 수식할 수 있다.

早く食べる(빨리 먹는다) - 동사 수식

とても早い(무척 빠르다) - 형용사 수식

とても早く起きる(매우 빨리 일어난다) - 부사 수식

絶対、家に帰る(반드시 집에 돌아간다) - 문 전체 수식

(2) 주요 기본 부사들

やはり, やっぱり	역시	うっかり	깜빡
元々(もともと)	원래(부터)	おおよそ	대략
もう	이미, 벌써, 이젠	各々(おのおの)	각각
とても	무척	主(おも)に	주로
かなり	꽤	思(おも)わず	자신도 모르게
沢山(たくさん)	많이	くれぐれも	아무쪼록
もしかして	혹시	ぐっすり	푹
決(けっ)して	결코	幸(さいわ)いに	다행히
寧(むし)ろ	오히려	すっかり	완전히
まるで	마치	すっきり	후련
ちゃんと	정확히	たまたま	우연히
ちょうど	딱, 정확히	常(つね)に	항상
たまに	가끔	どうせ	어차피
きっと	분명히	ほぼ	거의
出来(でき)るだけ	가능한 한	万(まん)が一(いち)	만일에 하나
度々(たびたび)	종종	まさか	설마
しばしば	종종	やがて	드디어, 결국
改(あらた)めて	다시금	わずか	겨우, 불과
いずれ, いずれにせよ	어쨌든	めったに	거의
いつの間(ま)にか	어느 틈엔가	ひとりでに, 自然(しぜん)に	저절로
今(いま)にも	지금이라도	何(なん)となく, ただ	왠지, 그냥

(3) 기본 부사 연습

① 역시 나는 원래부터 학교를 무척 좋아했다.

(学校 학교, 好きだ 좋아하다)

→

② 다행히 나는 어느 틈엔가 훌륭한 사회인이 되었다.

(立派だ 훌륭하다, 社会人 사회인, になる 이 되다)

→

③ 나도 모르게 항상 생각하는 것은 이것이 그냥 저절로 일어나지 않는
다는 것이다.

(思う 생각하다, こと 것, 起きる 일어나다, ということだ~(한)
다는 것이다)

→

2. 수동문

(1) 수동문의 개념

수동문은 능동문과 같이 이해하는 것이 효율적이다.

왜냐하면 능동문과 수동문은 동일한 상황을 달리 표현하고 있기
때문이다.

・능동문 - 문의 주어가 행위를 스스로 하는 표현이다.

花子が太郎を押す。 하나코가 타로를 밀다.

· 수동문 – 행위를 당하는 사람이 주어가 되는 표현이다.

　太郎が花子に押される。

　타로가 하나코에게 밀렸다? → 하나코가 타로를 밀었다.

※ 한국어의 경우 수동문보다 능동문을 사용하여 표현하는 경향
　이 있다.

(2) 수동문 만들기

　능동문의 동사에 수동형태 [れる or られる]를 연결시켜 나타내
며, 이때 주어, 목적어와 연결되는 조사들이 각각 [に], [が]로 바뀌
게 되므로 주의해야 한다.

1) 능동문을 수동문으로 만들기

· れる - 5단동사의 부정형에 붙는다. (※飲まない)

　飲む + れる → 飲まれる

· られる - 1단동사의 る 빠진 형태에 붙는다.

　食べる + られる → 食べられる

★ 수동문 만드는 방법

先生せんせいが学生がくせいを教おしえる。 → 先生に学生が教えられる。

       (능동문)   (수동문)

선생님이 학생을 가르치다.

① 능동문 동사에 수동형태 [れる] or [られる]를 붙인다.
　[教えられる]

② 능동문 주어에 붙는 조사 [が] → [に]로 바꾼다.
　[先生に]

③ 능동문 목적어에 붙는 조사 [を] → [が]로 바꾼다.
　[学生が]

★ 생산동사일 경우에는 주어에 붙는 조사 [が] → [によって]로 바꾼다.

君きみが家いえを建たてる。 → 君に家が建てられる。(×) (※가능문 ○)

네가 집을 세우다　　君によって家が建てられる。(○)

※ 생산동사란 [書かく(쓰다)], [作つくる(만들다)], [建たてる(세우다)]와 같
이 결과물이 만들어지는 동사를 말한다.

2) 불규칙 동사의 수동형태

일본어의 불규칙 동사 [する]와 [来くる]는 수동형태 [れる/られる]

와 연결될 때도 규칙이 없으므로 주의해서 익혀 두어야 한다.

★ する → される

[す]로 끝나는 동사는 모두 [される] 형태로 수동형이 된다.

友達が秘密をばらす。　→　友達に秘密がばらされる。

친구가 비밀을 폭로하다　　　친구로 인해 비밀이 폭로되었다

★ 来(く)る → 来(こ)られる

花子が来る。→ 花子に来られる。

하나코가 오다　　하나코가 오다

　　　　　　　(그래서 싫다, 나쁘다와 같은 의미)

---

3) 피해 수동문

일본어만이 갖고 있는 특수한 수동문으로 피해 수동문이라는 것이 있다. 피해 수동문의 특징은 능동문의 주어가 행위를 당하는 대상이 아니며, 행위를 당하는 대상은 문에 나타나지 않는다는 점이다. 한국어로는 능동문으로 대응하여 표현된다.

雨が降る。(능동문) → 雨に降られる。(피해 수동문)

비가 내린다　　　　　　　비를 맞는다

★ 피해 수동문 만드는 방법은 수동문 만드는 방법과 동일하다.

<ruby>赤<rt>あか</rt></ruby>ん<ruby>坊<rt>ぼう</rt></ruby>が<ruby>泣<rt>な</rt></ruby>く。 → 赤ん坊に泣かれる。

아가가 운다   아가가 울어댄다

① 동사에 수동형태 [れる] or [られる]를 붙이게 되면,

② 주어에 붙는 조사 [が] → [に]로 바꾼다.

Unit 10

使役文と使役受動文

사역문과 사역수동문

사역문이란 능동문의 주어에게 그렇게 시키는 주체가 주어로 등장하는 문을 말한다. 한국어로는 [~시키다], [~하게 하다]와 같은 해석으로 나타난다.

사역수동문이란 말 그대로 사역문이 수동문으로 바뀌어 나타나는 문을 말한다. 한국어에는 없는 문의 형태이므로 주의해서 익혀두어야 한다.

1. 사역문

(1) 사역문의 개념

사역문은 능동문의 주어에게 그렇게 시키는 주체가 주어로 나타나는 문으로, 능동문에서는 시키는 주체가 나타나지 않는다.

花子が酒を飲む。 → 太郎が花子に酒を飲ませる。

하나코가 술을 마신다   타로가 하나코에게 술을 마시게 한다
(능동문)   (사역문)

(2) 사역문 만들기

능동문의 동사에 사역형태 [せる or させる]를 연결시켜 나타내며, 이때 주어와 연결되는 조사는 [に]로 바뀌게 된다, 또한 시키는 주

체가 주어로 등장하여 [が]와 연결되어 나타나므로 주의해야 한다.

1) 능동문을 사역문으로 만들기
· せる - 5단동사의 부정형에 붙는다. (※飲まない)
　飲む + せる → 飲ませる

· させる - 1단동사의 る 빠진 형태에 붙는다.
　食べる + させる → 食べさせる

★ 사역문 만드는 방법
　花子が酒を飲む。　→　太郎が花子に酒を飲ませる。
　하나코가 술을 마신다.　타로가 하나코에게 술을 마시게 하다.
　(능동문)　(사역문)

① 능동문 동사에 사역형태 [せる] or [させる]를 붙인다.
　[飲ませる]

② 능동문 주어에 붙는 조사 [が] → [に]로 바꾼다.
　[花子に]

③ 시키는 주체를 조사 [が]를 붙여 주어로 나타낸다.
　[太郎が]

★ 불규칙 동사 [する]와 [来る] 형태는 각각 다음과 같다.

する - させる

来(く)る - 来(こ)させる

2) 자동사문을 사역문으로 만들기

자동사문을 사역문으로 만들 경우 자동사문의 주어에 붙는 조사
는 [に] 이외에도 [を]를 붙일 수 있다.

泥棒がしゃべる。 → 警察が泥棒にしゃべらせる。

도둑이 말하다   警察が泥棒をしゃべらせる。

경찰이 도둑에게 말하게 하다

子供が日本へ行く。→ 母が子供に日本へ行かせる。

아이가 일본에 가다   母が子供を日本へ行かせる。

엄마가 아이를 일본에 가게 하다

★ 자동사문의 주어가 비의지 명사일 경우에는 사역문에서 [を]만 붙일
수 있다.

花子が泣く。 → 太郎が花子に泣かせる。(×)

하나코가 울다   太郎が花子を泣かせる。(○)

　　　　　　　　직역: 타로가 하나코를 울게 하다??

　　　　　　　　　　　　　　→ 울리다.

雨が降る。 → 神が雨に降らせる。(×)

비가 내린다   神が雨を降らせる。(○)

　　　　　　　신이 비를 내리게 하다.

★ 비의지 명사를 주어를 취하는 자동사문들의 예

花が咲く(꽃이 피다), 果汁が凍る(과즙이 얼다),

タオルが湿る(수건이 젖다),

状態が悪化する(상태가 악화되다), 目が光る(눈이 빛나다),

星が輝く(별이 빛나다), 地下鉄が走る(지하철이 달리다),

実験が成功する(실험이 성공하다) 등

---

3) 불규칙 동사의 사역형태

일본어의 불규칙 동사 [する]와 [来る]는 사역형태 [せる/させる]

와 연결될 때도 규칙이 없으므로 주의해서 익혀 두어야 한다.

★ する → させる

[す]로 끝나는 동사는 모두 [させる] 형태로 사역형이 된다.

太郎が秘密をばらす。 → 花子が太郎に秘密をばらさせる。

타로가 비밀을 폭로하다   하나코가 타로에게 비밀을 폭로하게 하다.

★ 来(く)る → 来(こ)させる

花子が来る。 → 花子に来させる。

하나코가 오다   하나코를 오게 하다

---

2. 사역수동문

일본어의 사역수동문은 한국어에는 없는 문의 형태이므로 한국
어로 직역 해석이 불가능하다. 일본어다운 일본어를 사용하기 위해
서는 주의하여 익혀두어야 한다.

(1) 사역수동문의 개념

· 사역수동문이란 사역문이 수동문으로 바뀌어 사역수동문의 주
  어가 타인에 의해서 강제로 어쩔 수 없이 하게 되는 의미를 나
  타내는 문이다.

· 사역문의 주어는 사역수동문에서도 그렇게 하도록 시키는 주

체이기는 하지만 문의 주어는 아니다.

· 사역수동문의 주어는 자신의 의지가 아닌 타인이 강제로 시킨 일을 어쩔 수 없이 하게 되는 대상이며, 한국어로는 [~ 때문에~(할) 수밖에 없다]로 해석된다.

(2) 사역수동문 만드는 방법

花子が酒を飲む。(능동문)
<u>太郎が花子に</u>酒を<u>飲ませる</u>。(사역문)
타로가 하나코에게 술을 마시게 한다.

<u>太郎に花子が</u>酒を<u>飲ませられる</u>。(사역수동문)
타로에 의해 하나코가 술을 마시게 하는 것을 당하다??
→ 타로 <u>때문에</u> 하나코는 술을 마실 <u>수밖에 없다.</u>

1) 능동문에서 사역문으로 바꾼다.

2) 사역문의 사역형태 술어에 수동형태 [れる] or [られる]를 붙인다.
   [飲ませられる]

3) 사역문 주어에 붙는 조사 [が] → [に]로 바꾼다.
   [太郎に]

4) 사역문의 당하는 대상에 붙는 조사 [に] → [が]로 바꾼다.
   [花子が]

(3) 사역수동문에서의 사역형태 [させる]의 축약

5단 동사의 경우 사역문에서 사역형태 [せら] → [さ]로 축약이
가능하다. 다만 [す]로 끝나는 동사에는 해당하지 않는다.

1) 高田さんが煙草を吸う。 (능동문)

다카다 씨가 담배를 피운다.

→ 友達が高田さんに煙草を吸わせる。 (사역문)
친구가 다카다 씨에게 담배를 피우게 한다.

→ 友達に高田さんが煙草を吸わせられる。(사역수동문)
친구 때문에 다카다 씨는 담배를 피워울 수밖에 없다 /
피워야 한다

→ 友達に高田さんが煙草を吸わされる。(사역수동문 축약)
친구 때문에 다카다 씨는 담배를 피울 수밖에 없다 /
피워야 한다

2) 太郎がお酒を飲んだ。 (능동문)

타로가 술을 마셨다.

→ 友達が太郎にお酒を飲ませた。 (사역문)
친구가 타로에게 술을 마시게 했다.

→ 友達に太郎がお酒を飲ませられた。 (사역수동문)
친구 때문에 타로가 술을 마실 수밖에 없었다.

→ 友達に太郎がお酒を飲まされた。 (사역수동문 축약)
친구 때문에 타로가 술을 마실 수밖에 없었다.

Unit 11

可能文及びテンス，アスペクト
かのうぶんおよ

가능문 및 시제, 상

일본어의 가능문은 동사활용과 동사에 가능 형태 [eる or られ
る]를 붙여 나타내는 방법, 가능의 의미를 나타내는 어휘를 이용하
는 방법이 있다.

시제(Tense)란 화자가 말하는 시점을 기준으로 과거, 현재, 미래
의 일을 나타내는 언어표현을 말한다. 일본어의 경우 과거는 [た]
형태로 나타내며, 현재와 미래는 기본형으로 나타낸다.

상(Aspect)이란 어떤 일(사건)을 문으로 나타낼 때 그 일이 나타
내는 시간적 국면(상황)을 말한다.

1. 가능문

(1) 가능문 만드는 방법1

1) 5단동사 - 가정형(えだ) 활용형태로 나타낸다.

飲む + る → 飲める

私がビールを飲む。 (내가 맥주를 마신다)

→ 私がビールが飲める。 (내가 맥주를 마실 수 있다)

① 5단동사를 가정형(えだ)으로 바꾼다.

② 능동문의 목적어 조사 [を] → [が]로 바꾼다.

2) 1단동사 - [る]를 빼고 [られる]를 붙여 나타낸다.

食べる + られる → 食べられる

僕がステーキを食べる。 (내가 스테이크를 먹는다)

→ 僕はステーキが食べられる。(나는 스테이크를 먹을 수 있다)

　　① 1단동사의 [る]를 빼고 [られる]를 붙인다.
　　② 능동문의 목적어 조사 [を] → [が]로 바꾼다.

★ ら抜き言葉 (ら를 뺀 말)

1단동사의 경우 가능 형태에서 [ら]를 빼고 사용할 수 있다.
食べる → 食べられる (가능형태) → 食べれる (ら抜き형태)

※ [ら抜き言葉]는 일상에서 많이 사용되고 있으나 공식적으로는
　　잘못된 일본어이다.

---

3) 불규칙 동사의 가능 형태

・する → できる

料理をします。 → 料理ができます。

・来(く)る → 来(こ)られる

家に来ます。 → 家に来られますか?

(2) 가능문 만드는 방법2

가능의 의미를 갖는 어휘를 이용하여 가능문을 나타낼 수 있다.

1) [동사 기본형 + ことができる] 표현 : ~하는 것을 할 수 있다

                                             → ~할 수 있다.

読む + ことができる   → 読むことができる

읽다   것을 할 수 있다   읽는 것을 할 수 있다??

                                  → 읽을 수 있다

2) [동명사する + ことができる] vs. [동명사が + できる]

※ 동명사란 동작의 의미를 나타내는 명사를 말한다. 주로 한자어에 많다.

勉強(공부), 研究(연구), 電話(전화), 運転(운전), 掃除(청소) 등

★ [동명사する + ことができる] 표현
[~할 수 있다]의 의미만을 나타낸다.

勉強する + ことができる → 공부하는 것을 할 수 있다??

                                  → 공부할 수 있다

★ [동명사が + できる] 표현

[~할 수 있다]와 [~을 잘 한다] 2가지 의미를 나타낸다.

勉強が + できる → 공부를 할 수 있다.

→ 공부를 잘 한다.

이 경우 [~을 잘 한다]의 의미가 우선적으로 나타난다.

[~할 수 있다]의 의미는 억양이나 문맥에 따라 나타난다.

3) [동사ます형 + 得(う)る] 표현 : ~하는 것을 얻을 수 있다

→ ~할 수 있다

読む + 得る → 読み得る

읽다　얻다　읽기를 얻을 수 있다??

→ 읽을 수 있다

★ 주의해야 할 [得る] 사용

・話す + 得る → 話し得る (×) (예외)

・あり得(え)ない - 있을 수 없다

　관용 표현으로 [得]를 [う]가 아닌 [え]로 읽어야 한다.

2. 시제(Tense)

(1) 시제의 개념

시제란 화자의 발화 시점을 기준으로 문의 내용(사건)이 시간상
으로 앞서 일어났는지 뒤에 일어났는지를 나타내는 언어표현을 말
한다.

· 과거 – 문의 내용(사건)이 발화 시점 이전의 일임을 나타낸다.

> ★ 문의 내용(사건)은 동사, 형용사로 나타난다.
> 그러므로 술어(동사, 형용사)에 시제 형태를 붙여 표현한다.

· 과거 – 문의 내용(사건)이 발화 시점 이전의 일임을 나타낸다.
　　　　일본어의 과거(시제) 형태는 [た]이다.

· 현재 – 문의 내용(사건)이 발화 시점과 동일한 시간의 일임을
　　　　나타낸다.
　　　　일본어의 현재(시제) 형태는 술어의 기본형으로 나타
　　　　낸다.

· 미래 – 문의 내용(사건)이 발화 시점 이후에 일어나는 일임을
　　　　나타낸다.
　　　　일본어는 미래(시제) 형태도 술어의 기본형으로 나타
　　　　낸다.

(2) 과거(시제) 형태 만들기

일본어는 술어(동사, 형용사)의 기본형으로 현재와 미래를 나타
낸다.

子供が玩具を買う。 → 아이가 장난감을 산다.

明日、子供が玩具を買う。 → 내일 아이가 장난감을 산다.

그러므로 일본어는 과거(시제) 형태 [た]를 어떻게 술어에 연결
하여 나타내는지를 유의해서 익혀야 한다.

※ 동사의 과거 시제 [た]에 대해서는 Unit 3의 음편현상을 다시
   복습하자.

1) 형용사 과거 시제 나타내기

> ★ い형용사
> い형용사는 기본형이 [い] 형태이므로 [い]를 [かっ]으로 바꾸고
> 과거 형태 [た]를 붙인다.
>
> [い] → [かっ] + た(과거 형태)
> 大きい + た → 大きかった
> 큰, 크다   컸다 or 컸었다

★ な형용사

な형용사는 기본형이 [だ] 형태이므로 [な/だ]를 [だっ]으로 바꾸고 과거 형태 [た]를 붙인다.

[な / だ] → [だっ] + た(과거 형태)

<ruby>立派<rt>りっぱ</rt></ruby>な / 立派だ + た → 立派だった

훌륭한   훌륭하다   훌륭했다

2) 명사의 과거 시제 나타내기

명사는 술어가 아니기 때문에 과거를 나타내기 위해서는 먼저 명사를 술어로 만든 뒤 과거 형태 [た]를 붙인다.

★ 명사 술어 만들기

명사 술어 만드는 방법은 명사에 [だ(이다)]만 붙이면 된다.

<ruby>水<rt>みず</rt></ruby> + だ → 水だ (명사 술어)

물   이다   물이다

명사だ → 명사だっ + た(과거 형태)

水だ + た → 水だった

물이다   물이었다

3) 시제를 나타내지 않는 과거 형태 [た]

과거 형태 [た]가 시제와는 관계없이 상태, 상기, 명령의 의미 용법으로 사용될 때가 있다.

① [た]가 <u>상태</u>를 의미를 나타내는 경우
(※ 상태를 나타내는 [ている]와 동일)

眼鏡を掛けたキムさん。 안경을 쓴 김씨

= 眼鏡を掛けているキムさん。

② [た]가 <u>상기</u>의 의미를 나타내는 경우

あ、そうだ。今日は結婚記念日だった。

아 맞다. 오늘은 결혼기념일이었다.

明日の会議は、二時からでした?

내일 회의는 2시부터였나요?

③ [た]가 <u>명령</u>의 의미를 나타내는 경우

用のない人は帰った、帰った。

용건이 없는 사람은 돌아가, 돌아가.

さあ、買った、買った!

자, 사세요, 사!

4) 주의해야 할 표현
시제와 관계없이 사용되는 다음과 같은 부류의 초시간적 표현들은 따로 익혀 두자.

① 春は暖かい。 봄은 따뜻하다.

② 水は上から下へ流れる。 물은 위에서 아래로 흐른다.

③ 一年は十二ヶ月だ。 1년은 12개월이다.

★ 이들 초시간적 표현들이 과거 형태 [た]와 결합하게 되면 과거의 의
  미보다는 화자 자신의 경험을 나타내는 의미로 사용된다.

① 春は暖かかった。 봄은 따뜻했었다.

② 水は上から下へ流れた。 물은 위에서 아래로 흘렀었다.

③ 一年は十二ヶ月だった。 1년은 12개월이었다.

3. 상(Aspect)

상이란 시간 속에서 문의 내용이 어떠한 상태에 있는가를 표시하
는 언어표현이다. 일본어의 대의 대표적인 상 형태는 [동사-ている]
이다.

① 子供がパンを食べている。

아이가 빵을 먹고 있다.

→ 아이가 빵을 먹고 있는 동작 진행의 상황

② 子供が帽子を被っている。

아이가 모자를 쓰고 있다.

→ 아이가 모자를 쓰고 있는 동작 진행의 상황

아이가 모자를 쓰고 있다.

→ 아이가 모자를 쓴 상태의 상황

★ [始める(시작하다)], [続ける(계속하다)]와 같이 어휘 자체가 상의
의미를 갖는 경우도 있다.

Unit 12

モダリティ
모달리티

일본어 학습에서 다루는 대표적인 모달리티(Modality) 표현은 [ようだ], [らしい], [そうだ]이다. 이들 모달리티 표현들의 용법 및 동사, 형용사, 명사와 연결시키는 방법을 정확히 익혀두자.

1. 모달리티의 개념

모달리티란 사실만을 나타내는 명제문에 화자의 어떠한 의도(태도)를 나타내고자 할 때 사용되는 언어형식이다.

예를 들어 [太郎が勉強する]는 사실만을 말하고 있는 명제문이지만, [太郎が勉強するの?]는 화자가 명제 문 [太郎が勉強する]에 질문의 의도를 [の?] 형식을 사용하여 나타낸 문이라고 할 수 있다. 그러므로 [太郎が勉強するの?]는 모달리티문이라고 할 수 있다.

> ★ 일본어의 모달리티문은 단정의 모달리티문과 비단정의 모달리티문으로 나눌 수 있다.

· 단정의 모달리티문
  명제문에 [しない, します, すれば, した, する?]와 같이 어떠한 단정적 의미를 나타내는 형태가 더해지는 모달리티문
· 비단정의 모달리티문
  명제문에 [~ようだ,~らしい,~そうだ]와 같이 단정적인 의미

를 갖지 않는 어휘가 더해지는 모달리티문

※ 일본어 학습에서 다루는 모달리티는 비단정의 모달리티이다.

2. 비단정 모달리티

한국어로 [~것 같다]로 나타나는 일본어 비단정 모달리티는 [ようだ], [らしい], [そうだ]이다.

(1) [ようだ], [らしい], [そうだ]의 용법

[ようだ], [らしい], [そうだ]는 **추측, 추정, 추량**의 의미를 나타낸다. 기본적으로 문에서 1인칭(화자) 주어와 같이 사용할 수 없다.

<u>私</u>がメールをする<u>ようだ</u>。 (×)
내가 메일을   하는 것 같다

<u>僕</u>がメールをする<u>らしい</u>。 (×)
제가 메일을   하는 것 같다

<u>俺</u>がメールをし<u>そうだ</u>。 (×)
내가 메일을   하는 것 같다

> ★ 특별한 상황이 가정된다면 [ようだ], [らしい]는 1인칭 주어와 같이 사용할 수 있다.

<u>私</u>は<u>天才</u>のようだ。 (○)

나는 천재인 것 같다

<u>僕</u>は天才らしい。 (○)

저는 천재인 것 같다

<u>俺</u>は天才だ<u>そうだ</u>。 (×)

> ★ 위의 [<u>俺</u>は天才だ<u>そうだ</u>]문은 일본어로서 많이 사용하는 문이기도
> 하다. 단, 이때의 [<u>俺</u>は天才だ<u>そうだ</u>]문은 [~것 같다]로 해석되는
> 추측의 의미가 아닌 [~(다)고 한다]로 해석되는 인용, 전문의 의미
> 이다.
>
> <u>俺</u>は天才だ<u>そうだ</u>。 → 나는 (다른 사람들이) 천재라고 한다.

※ [そうだ]와 결합하는 동사는 <u>ます형</u>이다.

(2) [ようだ], [らしい], [そうだ]의 구별

1) 동사 + ようだ

화자가 자신의 생각 안에서 추측, 추정, 추량하여 묘사한다.

<u>雨</u>が<u>降</u>るようだ。 → 화자가 주관적으로 판단하여 추측

비가 내리는 것 같다

동사과거형이 올 경우,

雨が降ったようだ。

비가 내린 것 같다

※ [ようだ]의 과거형 → [ようだった]

2) 동사 + らしい

화자가 외부로부터 정보를 얻어 추측, 추정, 추량하여 묘사한다.

雨が降るらしい。 →　비가 내릴 것이라는 외부로부터의 정보를
비가 내리는 것 같다　바탕으로 추측

동사과거형이 올 경우,

雨が降ったらしい。

비가 내린 것 같다

※ [らしい]의 과거형 → [らしかった]

3) 동사 + そうだ

화자가 지금 당장 그렇게 될 것 같다는 느낌으로 추측, 추정, 추량하여 묘사한다.

雨が降りそうだ。 → 지금 당장 비가 내릴 것 같은 느낌

비가 내릴 것 같다

※ 明日、雨が<u>降るそうだ</u>。 (인용/전문)

　　내일 비가 온다고 한다.

★ 동사과거형이 올 경우 인용, 전문의 의미로밖에 나타나지 않는다.

雨<ruby>あめ<rt></rt></ruby>が降<ruby>ふ<rt></rt></ruby>ったそうだ。 → 비가 왔다고 한다.

※ [そうだ]의 과거형 → [そうだった]

(3) 형용사, 명사와 연결하기

1) 형용사와 연결하기

① い형용사

· [ようだ]와 [らしい]는 종지형과 연결한다.

　寒<ruby>さむ<rt></rt></ruby>い + [ようだ], [らしい] → 寒<u>いようだ、寒いらしい</u>

　추운/춥다　　　　　　　　　추운 것 같다

· [そうだ]는 [い]를 뺀 형태와 연결한다.

　寒<u>い</u> + [そうだ] → 寒そうだ

　　　　　　　　　　추울 것 같다

★ [<u>寒いそうだ</u>]는 [춥다고 한다]로 해석되는 인용, 전문의 [そうだ]이다.

★ [ない]는 예외적으로 [なさ] + [そうだ]와 같이 연결된다.
[よい]도 동일하다.
なんでも<u>なさ</u>そうだ。 (관용적인 표현)
아무것도 아닐 것 같다.

これが<u>よさ</u>そうだ。
이것이 좋을 것 같다.

② な형용사

· [ようだ]는 [な]형태와 연결한다.

だいじょうぶ
大丈夫な + [ようだ] → 大丈夫なようだ
괜찮은   괜찮은 것 같다

· [らしい], [そうだ]는 [な]나 [だ]를 뺀 형태와 연결한다.

大丈夫な + [らしい] → <u>大丈夫</u>らしい
괜찮은   괜찮은 것 같다

大丈夫だ + [そうだ] → <u>大丈夫</u>そうだ
괜찮다   괜찮을 것 같다

★ [<u>大丈夫だ</u>そうだ]는 [괜찮다고 한대]로 해석되는 인용, 전문의 [そうだ]이다.

2) 명사와 연결하기

① [ようだ]는 명사 사이에 [の]를 넣어 연결시킨다.

太郎 + の + ようだ → 太郎のようだ

타로　　　　　　　　　　타로인 것 같다

② [らしい]는 명사를 그대로 연결시킨다.

太郎 + らしい → 太郎らしい

타로　　　　　　　타로인 것 같다

③ [そうだ]는 명사와 연결할 수 없다.

太郎 + そうだ → 太郎そうだ(×)

★ [太郎だそうだ]와 같이 명사 술어 형태와 연결할 수 있으나, 이 경우의 [そうだ]는 인용, 전문의 [そうだ]이다.

---

3. 기타 모달리티

(1) みたいだ ～것 같다

[みだいだ]는 [ようだ]와 기본적으로 동일한 의미로 사용할 수 있으나, [みだいだ]는 [ようだ]보다 회화체의 성격이 강하며, 가벼운 어감으로 사용된다.

1) 동사 종지형 + みたいだ

晴_はれる + みたいだ → 晴れるみたいだ = 晴れるようだ。

맑아지다   맑아지는 것 같다

2) い형용사 종지형 + みたいだ

寒_{さむ}い + みたいだ → 寒いみたいだ = 寒いようだ。

추운, 춥다   추운 것 같다

3) [な/だ] 뺀 な형용사 + みたいだ

大丈夫_{だいじょうぶ}(な/だ) + みたいだ → 大丈夫みたいだ

괜찮은/괜찮다   괜찮은 것 같다

★ [ようだ]를 붙일 때는 [な] or [の] 형태로 연결한다.
    大丈夫なようだ   大丈夫のようだ

---

4) 명사 + みたいだ

林檎_{りんご} + みたいだ → 林檎みたいだ

사과   사과 같다

★ 명사에 [ようだ]를 붙일 때는 [の]로 연결시킨다.
    林檎のようだ。

---

(2) *だろう*

[*だろう*]의 주요 의미용법은 추측, 확인, 의문(의구심)이다.
의문(의구심)의 경우 의문의 [*か*]를 동반한다.

1) 추측   ~겠지, ~아닐까 한다

① 동사 기본형 + *だろう*

花子は林檎を食べるだろう。

하나코는 사과를 먹겠지

② い형용사 기본형 + *だろう*

林檎は青いだろう。

사과는 파랗겠지

③ [*な/だ*] 뺀 な형용사 + *だろう*

ポチは大丈夫だろう。

포치는 괜찮겠지

④ 명사 + *だろう*

これは林檎だろう

이것은 사과겠지

2) 확인 및 동조   ~지?!

[*だろう*]의 확인·동조를 구하는 용법은 문의 마지막 억양이 올라간다.

① 동사 기본형 + だろう↗

ぼく きもち
僕の気持が<u>わかるだろう↗</u>

내 마음을 알지?!

② い 형용사 기본형 + だろう↗

りんご あお
林檎は<u>青いだろう↗</u>

사과는 파랗지?!

③ [な/だ] 뺀 な형용사 + だろう↗

だいじょうぶ
ポチは<u>大丈夫だろう↗</u>

포치는 괜찮지?!

④ 명사 + だろう↗

これは<u>林檎だろう↗</u>

이것은 사과지?!

3) 의문·의구심   (과연) ~ (할)까?

[だろう]의 의문·의구심을 구하는 용법은 [だろう] 뒤에 의문의
[か]를 붙인다.

① 동사 기본형 + だろうか

はは さんせい
母は賛成して<u>くれるだろうか。</u>

엄마는 찬성해 줄까?

② い 형용사 기본형 + だろうか

林檎は青いだろうか。

사과는 (과연) 파랄까?

③ [な/だ] 뺀 な형용사 + だろうか

ポチは大丈夫だろうか。

포치는 괜찮을까?

④ 명사 + だろうか

これは林檎だろうか。

이것은 사과일까?

(3) に違(ちが)いない　～임에 틀림없다

1) 동사 종지형 + に違いない

晴れる + に違いない → 晴れるに違いない。

맑아지다　　　　　　　　맑아질 것임에 틀림없다

2) い형용사 종지형 + に違いない

寒い + に違いない → 寒いに違いない。

추운, 춥다　　　　　　　추움에 틀림없다

3) [な/だ] 뺀 な형용사 + に違いない

<u>大丈夫(な/だ)</u> + に違いない → <u>大丈夫</u>に違いない

괜찮은/괜찮다   괜찮음에 틀림없다

4) 명사 + に違いない

★ [명사である + に違いない]와 같이 나타낼 수도 있다.

林檎 + に違いない → 林檎に違いない。

사과   사과임에 틀림없다

林檎である + に違いない → 林檎であるに違いない。

사과이다   사과임에 틀림없다.

Unit 13

<ruby>待遇表現<rt>たいぐうひょうげん</rt></ruby>

대우표현

대우표현이란 한마디로 경어를 말한다. 한국어와 일본어 경어의 차이는 한국어는 상대가 윗사람이면 무조건 경어를 사용하는 [절대경어]인 반면 일본어는 상대가 윗사람이라도 상황에 따라 경어를 사용할 것인지 사용하지 않을 것인지가 정해지는 [상대경어]라는 점이다.

1. 일본어 대우표현

일본어의 경어는 정중어(丁寧語), 존경어(尊敬語), 겸양어(謙讓語)의 3종류로 분류할 수 있다.

(1) 대우표현의 개념

1) 정중어
말 그대로 화자가 상대방에게 정중하게 말하는 언어표현이다.

① 동사의 경우 [ます]를 붙여 나타낸다.
　　食べる → 食べます

② 명사, 형용사의 경우 [です]를 붙여 나타낸다.

学生 → 学生です

학생   학생입니다

赤い → 赤いです

빨간, 빨갛다   빨갛습니다

爽やかな / 爽やかだ → 爽やかです

상쾌한   상쾌하다   상쾌합니다

2) 존경어

존경어란 상대방의 행동을 높여서 나타내는 언어표현이다.

食べます → 召し上がる

먹습니다   드십니다

3) 겸양어

겸양어란 상대방에게 자신의 행동을 낮추어 나타내는 언어표현
이다.

食べます → 頂きます

먹습니다   (잘) 먹겠습니다

(2) 존경어 표현하기

일본어의 존경어는 3가지 방법으로 나타낼 수 있다.

첫째, 존경의 의미를 갖는 어휘를 사용하여 나타내는 방법

둘째, [동사 + れる / られる] 형식으로 나타내는 방법

셋째, [お + 동사 + になる / です / 下さい]의 문형으로 나타내
는 방법

1) 어휘로 나타내기

어휘가 존경의 의미를 나타내고 있으므로 이들 존경어는 새로운
단어라고 생각하고 익혀 두어야 한다.

① いる, 来る, 行く　→　いらっしゃる
　　있다 오다 가다　　　　계시다, 오시다, 가시다

先生、冬休みは外国に<u>いらっしゃい</u>ますか。
선생님 겨울방학은 외국에 <u>계십니까?</u>

先生、冬休みには韓国へ<u>いらっしゃい</u>ますか。
선생님 겨울방학에는 한국에 <u>오십니까?</u>
(※ 선생님 겨울방학에는 한국에 가십니까?도 가능)

先生、冬休みには勉強会へいらっしゃいますか。

선생님 겨울방학에는 스터디(모임)에 <u>가십</u>니까?

(※ 선생님 겨울방학에는 스터디(모임)에 오십니까?도 가능)

★ 来る의 존경어로 [いらっしゃる] 외에도 [おいでになる] 표현도
사용한다.

---

② 言う、 話す、しゃべる   → おっしゃる

말하다, 이야기하다, 조잘대다

<u>先生</u>が<u>おっしゃった</u>こと。

선생님이 <u>말씀하신</u> 일/것

③ する → なさる

하다   하시다

ご<u>安心</u>な<u>さって</u>下さい。

<u>안심하시어</u> 주세요 → 안심해 주세요, <u>안심하시기</u> 바랍니다.

④ 食べる → 召し上がる

먹다   드시다

先生は和食を召し上がっています。

선생님은 일식을 <u>드시고</u> 있습니다.

2) [동사 + れる/られる]로 나타내기

동사와 [れる/られる]의 연결은 앞에서 배운 수동형태의 연결 규칙과 동일하다.

※ 동사와 [れる/られる]의 연결형태가 수동형태와 동일하므로 [동사 + れる/られる]의 형태만으로는 존경과 수동의 의미를 판단하기 어렵다. 이 경우 존경과 수동의 의미는 앞뒤 문들의 문맥을 통해 판단해야 한다.

① 5단 동사에는 [れる]를 붙인다. 동사는 부정형(あ단)으로 바꾼다.

読む + れる → 読まれる

읽다　　　　　　읽으시다(존경)
　　　　　　　　읽혀지다, 읽히다(수동)

※ 동사의 가정형(え단)으로 바꾸어 [る]를 붙이면 가능형태가 된다.

読む + る → 読める　읽을 수 있다(가능)

② 1단 동사에는 [られる]를 붙인다. 동사는 [る]를 뺀다.

諦める + られる → 諦められる

포기하다　　　　포기하시다(존경) /
　　　　　　　　포기되어지다(수동) /
　　　　　　　　포기할 수 있다(가능)

※ [られる] 형태는 가능형태이기도 하므로 [1단 동사 + られる] 형태만으로는 존경, 수동, 가능의 의미를 판단하기 어렵다. 문맥을 통해 판단해야 한다.

3) 문형으로 나타내기

존경어를 문형으로 나타내는 방법은 3가지가 있다.

① [お・ご + 동사ます형 + になる] 문형

お + 待つ + になる → お待ちになる

　　기다리다　　　　　　　기다리시다

お客様がお待ちになっています。

손님이 기다리고 계십니다.

② [お/ご + 동명사 + になる] 문형

ご + 研究 + になる → ご研究になる

　　연구　　　　　　　　연구하시다

先生がご研究になっていることは何ですか。

선생님은 연구하시고 있는 일은 무엇입니까?

③ [お/ご + 동사ます형 + です] 문형

お + 待つ + です → お待ちです

　　기다리다　　　　　　　기다리시다

お客様が<u>お待ちです</u>。

손님이 기다리고 계십니다.

④ [お/ご + 동명사 + です] 문형

ご + 出席 + です → ご出席です

    출석   출석하시다

<u>先生</u>も<u>ご出席です</u>。

선생님도 출석하십니다.

⑤ [お・ご + 동사ます형 + 下さい] 문형

お + <u>考える</u> + 下さい → <u>お考え下さい</u>

    생각하다   생각해주시기 바랍니다

ゆっくり<u>お考え下さい</u>。

천천히 생각해주시기 바랍니다.

⑥ [お・ご + 동명사 + 下さい] 문형

ご + 連絡 + 下さい → ご連絡下さい

    연락   연락주시기 바랍니다

なにかありましたら、<u>ご連絡下さい</u>。

무슨 일이 있으시면, 연락주시기 바랍니다.

(3) 겸양어 표현하기

일본어의 겸양어는 2가지 방법으로 나타낼 수 있다.

첫째, 겸양의 의미를 갖는 어휘를 사용하여 나타내는 방법

둘째, [お・ご + 동사ます형/동명사 + する/致す]와 같은 문형으로 나타내는 방법

1) 어휘로 나타내기

어휘가 겸양의 의미를 나타내고 있으므로 이들 겸양어가 들어간 표현은 관용표현이 많으므로 표현 전체를 익혀두는 것이 좋다.

① 言う, 話す → 申し上げる

말하다, 이야기하다   (말씀)드리다

お詫び申し上げます。   사과(말씀)를 드립니다.

② 貰う → 頂く

받다   받다

以上で終わらせて頂きます。

직역: 이상으로 마치게 하게 받겠습니다??

→ 이상으로 마치도록 하겠습니다.

③ あげる　→　差し上げる

　　주다　　　　　드리다

　　恩人に贈り物を差し上げた。　은인에게 선물을 드렸다.

④ 見る　→　拝見する

　　보다　　　보다

　　先生の作品を拝見しました。　선생님의 작품을 보았습니다.

⑤ 見せる　→　お目にかける

　　보여주다　　　보여드리다

　　初めてお目にかける物です。　처음으로 보여드리는 물건입니다.

2) 문형으로 나타내기

겸양어를 문형으로 나타내는 방법은 4가지가 있다.

① [お・ご + 동사ます형 + する / 致す] 문형

　お + 届ける + する / 致す → お届けする

　　　닿게 하다　　　　　　　　お届け致す
　　　(서류를)신고하다　　　　닿게 하다, 신고하다

夕方までお届けします。 / 夕方までお届け致します。

저녁까지 보내겠습니다, 저녁까지 신고하겠습니다.

② [お・ご + 동명사 + する / 致す] 문형

お + 掃除 + する / 致す → お掃除する / お掃除致す

　　청소　　　　　　　　　　　　　　청소하다

明日お掃除します。 / 明日お掃除致します。
내일 청소하겠습니다.

③ [お・ご + 동사ます형 + 頂く] 문형

お + 読む + 頂く → お読み頂く

읽다　　받다　　읽기를 받다??
　　　　　　→ (상대방이) 읽어주시다.

この部分をお読み頂きました。
이 부분을 읽어 주셨습니다.

④ [お・ご + 동명사 + 頂く] 문형

お + 電話 + 頂く → お電話頂く

전화　　받다　　전화받다

先生からお電話を頂きました。

직역: 선생님으로부터 전화를 받았습니다??

    → 선생님께서 전화를 주셨습니다.

부록 〈연습문제 정답〉

Unit 2

1 (2)

1) 諦める, 明ける, 憧れる, 預ける, 暖める, 当てはめる, 暴れる, 溢れる, 荒れる, 生きる

2) 転ぶ, 困る, 好む, 越す, 加わる, 繰り返す, 悔やむ, 気に入る, 刻む, 片寄る

3) 走る - 走らない - 走ります - 走る - 走れば - 走ろう

4) 歩く - 歩かない - 歩きます - 歩く - 歩けば - 歩こう

5) 切る - 切らない - 切ります - 切る - 切れば - 切ろう

2 (1) 3)

★ 机は木で作る vs. ワインはぶどうから作る

★ 東京に住む vs. 東京で暮す

Unit 3

2 始める - 始めて - 始めた - 始めたり - 始めたら
  続ける - 続けて - 続けた - 続けたり - 続けたら

3 (1)
勝つ - 勝って - 勝った - 勝ったり - 勝ったら
入る - 入って - 入った - 入ったり - 入ったら

(2)
遊ぶ - 遊んで - 遊んだ - 遊んだり - 遊んだら
死ぬ - 死んで - 死んだ - 死んだり - 死んだら

(5)
① 遇う - 遇って - 遇った - 遇ったり - 遇ったら
② 愛する - 愛して - 愛した - 愛したり - 愛したら
③ 開く - 開いて - 開いた - 開いたり - 開いたら
④ 表す - 表して - 表した - 表したり - 表したら
⑤ 憧れる - 憧れて - 憧れた - 憧れたり - 憧れたら
⑥ 預ける - 預けて - 預けた - 預けたり - 預けたら
⑦ 暖める - 暖めて - 暖めた - 暖めたり - 暖めたら
⑧ 扱う - 扱って - 扱った - 扱ったり - 扱ったら
⑨ 痛む - 痛んで - 痛んだ - 痛んだり - 痛んだら
⑩ 歩く - 歩いて - 歩いた - 歩いたり -歩いたら
⑪ 溢れる - 溢れて - 溢れた - 溢れたり - 溢れたら
⑫ 編む - 編んで - 編んだ - 編んだり - 編んだら
⑬ 争う - 争って - 争った - 争ったり - 争ったら
⑭ 荒れる - 荒れて - 荒れた - 荒れたり - 荒れたら
⑮ 抱く - 抱いて - 抱いた - 抱いたり - 抱いたら
⑯ 威張る - 威張って - 威張った - 威張ったり - 威張ったら
⑰ いらっしゃる - いらっしゃって - いらっしゃた - いらっ
しゃったり - いらっしゃったら

⑱ 祝う - 祝って - 祝った - 祝ったり - 祝ったら
⑲ 伺う - 伺って - 伺った - 伺ったり - 伺ったら
⑳ 浮く - 浮いて - 浮いた - 浮いたり - 浮いたら

(6)

① 湿る - 湿って - 湿った - 湿ったり - 湿ったら
② 焦る - 焦って - 焦った - 焦ったり - 焦ったら
③ 喋る - 喋って - 喋った - 喋ったり - 喋ったら
④ 減る - 減って - 減った - 減ったり - 減ったら
⑤ 滑る - 滑って - 滑った - 滑ったり - 滑ったら
⑥ せびる - せびって - せびった - せびったり - せびったら
⑦ 知る - 知って - 知った - 知ったり - 知ったら
⑧ 散る - 散って - 散った - 散ったり - 散ったら
⑨ 混じる - 混じって - 混じった - 混じったり - 混じったら
⑩ 千切る - 千切って - 千切った - 千切ったり - 千切ったら
⑪ 返る - 返って - 返った - 返ったり - 返ったら
⑫ 帰る - 帰って - 帰った - 帰ったり - 帰ったら
⑬ 蹴る - 蹴って - 蹴った - 蹴ったり - 蹴ったら
⑭ 照る - 照って - 照った - 照ったり - 照ったら
⑮ 限る - 限って - 限った - 限ったり - 限ったら
⑯ とちる - とちって - とちった - とちったり - とちったら
⑰ 参る - 参って - 参った - 参ったり - 参ったら
⑱ 握る - 握って - 握った - 握ったり - 握ったら
⑲ 切る - 切って - 切った - 切ったり - 切ったら
⑳ 走る - 走って - 走った - 走ったり - 走ったら

Unit 4

2 (2)

1)

① 私は貴方のためにパンを買ってあげた。

② 私は太郎のためにパンを買ってあげた。

③ 私は自分自身のためにパンを買ってあげた。

2)

① あなたは私のためにパンを買ってくれた。

② あなたは太郎のためにパンを買ってあげた。

③ あなたは自分自身のためにパンを買ってあげた。

3)

① 太郎は私のためにパンを買ってくれた。

② 太郎はあなたのためにパンを買ってあげた。

③ 太郎は自分自身のためにパンを買ってあげた。

Unit 5

① ノートに名前が書いてあった。

② 学校に行ってみた。

③ 太郎の部屋を掃除しておいた。

④ スマホをなくしてしまった。

1

(1) 学校の生活に慣れてきた。

(2) 日本語の勉強を続けていきました。

(3) 私のペンを返してもらいたかった。

(4) 花子にこれを届けてほしかった。

(5) 今日は休んでもいいですか。

(6) 愛する人と喧嘩してはいけなかったです。

(7) 愛する人と喧嘩してはならなかったです。

2

(1) ノートに名前を書いたまま捨てた。

(2) 学校に行った方がいい。

3

연습 1)

転んである(×), 転んでみる, 転んでおく, 転んでしまう,
転んでいく, 転んでくる, 転んでもらいたい, 転んでほしい,
転んでもいい, 転んではいけない, 転んではならない, 転んだまま,
転んだ方がいい

연습 2)

探してある, 探してみる, 探しておく, 探してしまう, 探していく,
探してくる, 探してもらいたい, 探してほしい, 探してもいい,
探してはいけない, 探してはならない, 探したまま, 探した方がいい

연습 3)

下がってある, 下がってみる, 下がっておく, 下がってしまう,
下がっていく, 下がってくる, 下がってもらいたい, 下がってほしい,
下がってもいい, 下がってはいけない, 下がってはならない,
下がったまま, 下がった方がいい

연습 4)

探ってある, 探ってみる, 探っておく, 探ってしまう, 探っていく,
探ってくる, 探ってもらいたい, 探ってほしい, 探ってもいい,
探ってはいけない, 探ってはならない, 探ったまま, 探った方がいい

연습 5)

刺さってある, 刺さってみる, 刺さっておく, 刺さってしまう,
刺さっていく, 刺さってくる, 刺さってもらいたい, 刺さってほしい,
刺さってもいい, 刺さってはいけない, 刺さってはならない,
刺さったまま, 刺さった方がいい

연습 6)

差し引いてある, 差し引いてみる, 差し引いておく,
差し引いてしまう, 差し引いていく, 差し引いてくる,
差し引いてもらいたい, 差し引いてほしい, 差し引いてもいい,
差し引いてはいけない, 差し引いてはならない, 差し引いたまま,
差し引いた方がいい

연습 7)

差してある, 差してみる, 差しておく, 差してしまう, 差していく,
差してくる, 差してもらいたい, 差してほしい, 差してもいい,
差してはいけない, 差してはならない, 差したまま,
差した方がいい

연습 8)

冷ましてある, 冷ましてみる, 冷ましておく, 冷ましてしまう,

冷ましていく，冷ましてくる，冷ましてもらいたい，冷ましてほしい，
冷ましてもいい，冷ましてはいけない，冷ましてはならない，
冷ましたまま，冷ました方がいい

연습 9)
去ってある(×)，去ってみる，去っておく，去ってしまう，
去っていく，去ってくる，去ってもらいたい，去ってほしい，
去ってもいい，去ってはいけない，去ってはならない，去ったまま，
去った方がいい

연습 10)
仕上がってある，仕上がってみる，仕上がっておく，
仕上がってしまう，仕上がっていく，仕上がってくる，
仕上がってもらいたい，仕上がってほしい，仕上がってもいい，
仕上がってはいけない，仕上がってはならない，仕上がったまま，
仕上がった方がいい

Unit 6

1 (1)
연습 1) これを食べないで/食べずにそれを食べた。
연습 2) これをしないで/せずにそれをした。
연습 3) 先生が来ないで/来ずに学生が来た。

(2)
연습 1) これを飲まなくていいですか。
연습 2) これを飲まなくてごめんなさい。

연습 3) これを飲まなくてもいいですか。

연습 4) これを飲まなくても構わないですか。

(3)

연습 1) これを飲まないで下さい。

연습 2) これを飲まないではいられなかった。

연습 3) これを飲まない方がよかった。

연습 4) これを飲まなければよかった。

2

(1) これを飲みすぎた。

(2) これは作りやすかった。

(3) これは作りにくっかった。

(4) これを飲みたかった。

3

(1) ゴミを捨てたそうだ。

(2) ボールを投げるようだった。

(3) 秘密を話したらしい。

(4) 子供なら泣いただろう。

(5) 鳥なら飛ぶでしょう。

(6) 走ることにかけては、彼が最高だ。

(7) 1) そうすると、笑うかも知れない。

2) 予定どおりなら、行くはずだ。

3) 彼がバレーボールをやるはずがなかった。

4) 年末年始には実家に帰るみたいだった。

5) 起きると、12時だった。

6) 拾うなら、ゴミを拾え。

7) 帰るから心配しないで。

    帰ったから心配しないで。

8) 帰るので心配しないで。

    帰ったので心配しないで。

9) 戦うべきものは自分自身だった。

10) ① 留学する上は、しっかり準備しなければならない。

    ② 数学ができる上に、英語もできる。

    ③ 過ちを認めた上で、謝らなければならない。

Unit 9

1 (3)

① やっぱり私は元々学校がとても好きだった。

② 幸いに私はいつの間にか立派な社会人になった。

③ 思わずにいつも思うことは、これが何となくひとりでに起きないということだ。

박용일

일본 쓰쿠바대학교 언어학 박사
현 한양대학교 일본학과 부교수

일본 이바라키대학교 한국어 강사 역임
한국외국어대학교, 이화여자대학교 외 강사 역임
한국외국어대학교 Post Doc 역임
한국외국어대학교 일본연구소 책임연구원 역임
한국연구재단 학술연구교수 역임
부산가톨릭대학교 조교수 역임

저서
(2014) BASIC 일본어, 형설출판사
(2009) 복문과 단문에 관한 문법론, 한국학술정보
(2020) 전공 BASIC 일본어, 한국학술정보

대표논문
(2020) A comparative study on the gratitude expressions of Japanese and Korean college students, Asia life sciences 20(1), Asia Life Sciences, 245-255.
(2017) A Comparative Study on the Relationship of the Syntactic Structures and Semantics of the Japanese and Korean Auxiliary Verb Sentence; Through the "-te-simau" Sentence, "-eo-beorida" Sentence, and "-go-malda" *Sentence. Information 20, 63-70.*
(2005)「「V1-始める」文の構造と意味解釈」『Kansai Linguistic Society(KLS)』25, 関西言語学会, 184-193.

외 50편

일본어
문법

초판인쇄 2021년 9월 10일
초판발행 2021년 9월 10일

지은이 박용일
펴낸이 채종준
펴낸곳 한국학술정보㈜
주소 경기도 파주시 회동길 230(문발동)
전화 031) 908-3181(대표)
팩스 031) 908-3189
홈페이지 http://ebook.kstudy.com
전자우편 출판사업부 publish@kstudy.com
등록 제일산-115호(2000. 6. 19)

ISBN 979-11-6801-120-5 93730